처음 읽는 건축의 역사

Discovering Architecture
by Berta Bardi I Mila and illustrated by Eduard Altarriba

Illustrations © Eduard Altarriba, 2019.
Copyright in the Work © GMC Publications Ltd, 2019.
This translation of Discovering Architecture 9781787080485 is published by arrangement with Button Books, an imprint of
GMC Publications Ltd through Orange Agency.
Korean translation © Dourei Publication Co., 2023.
All rights reserved.

이 책의 한국어판 저작권은 오렌지 에이전시를 통해 Button Books, an imprint of GMC Publications Ltd와 독점 계약한 두레출판사가 갖고
있습니다. 저작권법에 의하여 한국 내에서 보호를 받는 저작물이므로 무단 전재와 복제를 금합니다.

처음 읽는
건축의 역사

베르타 바르디 이 밀라 글 · 에두아르드 알타리바 그림 · 이섬민 옮김

두레아이들

차례

머리말 5   피라미드 6   그리스 고전기/파르테논 신전 8   로마: 도시 계획의 탄생 11

아치와 궁륭/돔 12   판테온 13   비잔틴 건축/성 소피아 대성당 14   돔의 세계 15

안드레아 팔라디오/라로톤다 16   일본의 집 18   가쓰라 이궁 19   토속 건축 20   주택 22

새로운 시대 24   크리스털 팰리스(수정궁) 25   아르 누보/사그라다 파밀리아 26   안토니 가우디 27

건축이 다른 예술을 만날 때 28   르코르뷔지에 30   폴링워터 32   근대 주택의 재발명 33

독일 전시관 34   루트비히 미스 반데어로에 35   상징적인 건물들 37   구조 38

점점 더 높아지는 초고층 빌딩들 40   자하 하디드 42   현대 건축 43   건축의 기본 구성 요소 44

건축가 되기 46   미래의 건축 48   화성에서 살기 50   감사하는 말 51

기호 설명

🕐 지어진 시기   🧱 건축 재료

🎨 설계자   🏛 용도

머리말

역사 이전부터 인류는 나쁜 날씨를 견디고 맹수에게서 자신을 지킬 피난처를 항상 만들어 왔어요. 오래전의 우리 조상들은 나뭇가지나 나뭇잎, 동물 가죽처럼 쉽게 구할 수 있는 것들로 피난처를 만들었어요. 더러는 땅에 구덩이를 파서 그곳에 살거나 동굴에서 생활하기도 했지요. 세월이 흐르면서, 소박한 피난처는 주거를 위한 집으로 발전했고, 이는 세계 곳곳의 다양한 집단마다 문화의 중요한 일부가 되었어요.

원시적인 형태의 건물들은 이내 정착지와 마을로 발전했어요. 정착지를 계획하거나 건설하는 것은 단순히 한 가족이 아니라 공동체 전체에 필요한 것에 눈을 돌리는 일이었어요. 신전이나 대중목욕탕 같은 것을 짓는 것이 그 대표적인 예지요. 사람들은 거리, 광장, 시장과 같은 공공장소들을 어떤 식으로 둘 것인지 생각하기 시작했어요. 그 뒤로, 집단이 크든 작든 인간은 대부분 건축에 둘러싸여 살아왔어요.

이 책은 여러 문명이 건축을 어떤 식으로 발전시켰는지 시대순으로 살펴봅니다. 오늘날 우리가 건축을 보는 방식은 과거의 건축가들이 세운 집, 신전, 성, 하늘을 찌를 듯 높은 건물, 궁전 들에서 영향을 받았어요. 오늘날의 건축가들은 한편으로는 과거에서 배우면서도 한편으로는 지금의 세계를 이해해 더 낫고 더 살기 좋은 곳으로 만들 새로운 아이디어와 사고방식들을 창조하는 사람들이에요.

피라미드

| 기원전 2630년 무렵 |  미상 | 진흙 벽돌과 흙 | 파라오의 무덤 |

이집트의 피라미드들은 세계에서 가장 인상적인 기념물에 속해요. 피라미드는 고대 이집트의 왕인 파라오의 무덤으로 지어졌어요. 수천수만의 노동자가 피라미드 건설에 동원되었어요. 피라미드 건설에 쓰인 방법들은 단순하고, 정밀하고, 수학적이면서, 불가사의했어요.

고대 이집트인들은 파라오는 죽어서 불멸의 신이 된다고 믿었어요. 피라미드는 파라오의 육신을 지키기 위해 만들어졌고, 피라미드 하나하나는 추앙받는 죽은 왕의 안식처였어요. 왕의 시신은 영원히 보존하기 위해 미라로 만들어 묘실에 넣은 뒤 아무도 접근하지 못하게 그곳을 완전히 봉인했어요.

피라미드는 똑같은 이등변삼각형 네 개로 구성되었어요. 이 삼각형들은 동서남북 네 방향을 각각 바라보면서 한 꼭짓점에서 만납니다.

꼭짓점 / 서 / 남 / 북 / 동

여왕의 피라미드

장례용 신전

피라미드들은 신전과 그 밖의 건물들에 둘러싸여 있었어요.

죽은 뒤의 세계

고대 이집트인들은 사후 세계를 믿었고, 이 믿음은 그들의 삶과 죽음 모두에 영향을 미쳤어요. 건축가들은 죽어서 신이 된 파라오가 경배를 받으며 영원한 집으로 쓸 공간을 계획했어요. 이집트인들은 그들의 신, 종교 의식, 그리고 사후 세계와 관련된 건축물을 지을 때 최고의 재료들을 쓰고 최선의 노력을 다했어요.

외벽 건설

통로, 경사로, 묘실

물을 채운 도랑은 피라미드의 바닥이 평평한지 확인하는 용도였을지도 모릅니다.

돌을 올리기 위해 만들어진 것으로 보이는 임시 경사로

수많은 연구가 있었지만, 피라미드가 어떻게 만들어졌는지는 아직도 자세히 밝혀지지 않았어요. 이집트인들이 오늘날의 장비와 기술 같은 것은 없었지만 건축을 이해하는 데 매우 뛰어났으며, 고도로 체계적인 작업을 했다는 사실만큼은 분명해요.

시신의 방부 처리

피라미드에 쓰인 돌들은 현장에서 깎아 만들기도 했지만, 나일강을 따라 멀리서 운반해 오기도 했어요.

노동자 마을

노동자들은 채석장에서 썰매로 돌을 날라 왔을지도 몰라요. 썰매가 더 잘 미끄러지도록 모래에 물을 뿌리기도 했을 거예요.

신과 무덤과 신전

고대 문명들은 나무, 돌, 진흙 등처럼 주변에서 구할 수 있는 재료로 건물을 지었어요. 예를 들면, 5000년 전에 티그리스강과 유프라테스강 사이에 살았던 메소포타미아 문명 사람들은 진흙으로 벽돌을 만들어 마을과 도시를 건설했어요.

고대 사회에서 종교는 아주 중요했어요. 그래서 사람들은 신전을 점점 더 크게 지었고, 돌처럼 수명이 긴 재료를 썼지요.

신에게 더 가까이 가기 위해 지구라트나 피라미드 같은 건축물들은 하늘을 찌를 듯 높게 지었어요. 오늘날에도 더러 남아 있는 이런 것들은 건축을 명령한 왕과 파라오의 권력이 얼마나 컸는지 잘 보여 주지요.

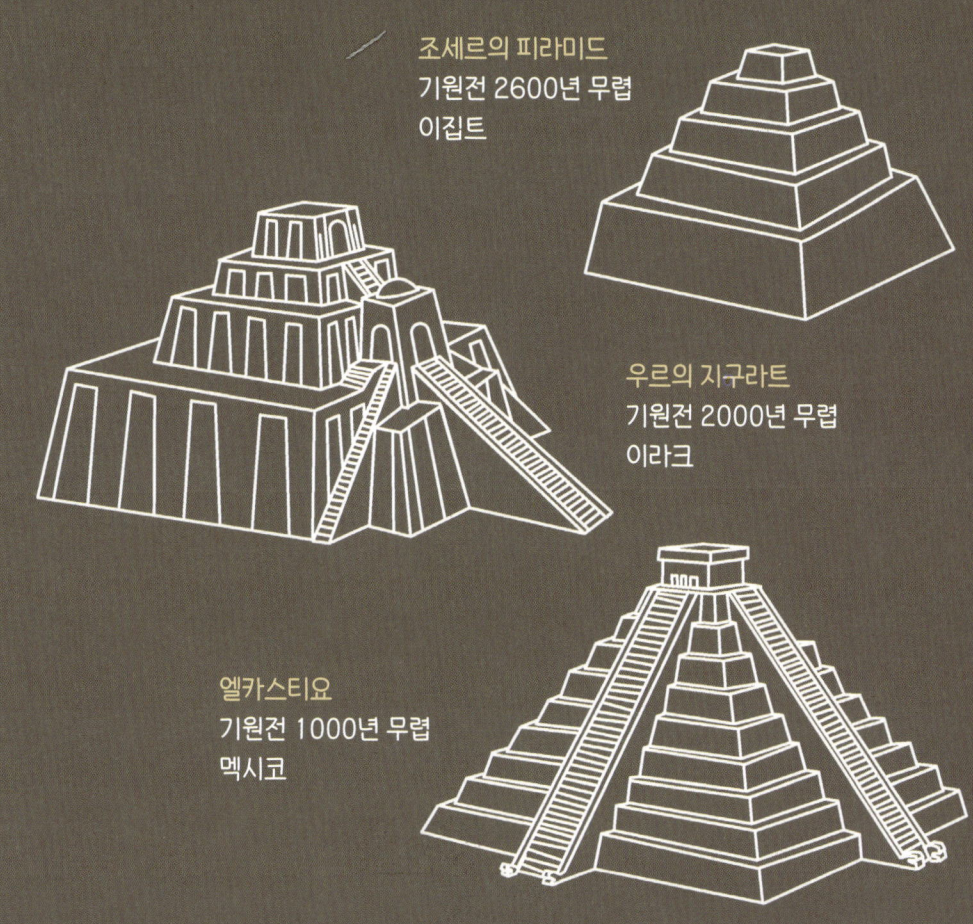

조세르의 피라미드
기원전 2600년 무렵
이집트

우르의 지구라트
기원전 2000년 무렵
이라크

엘카스티요
기원전 1000년 무렵
멕시코

그리스 고전기

처마도리 건축

건물을 짓는 가장 간단한 방법이에요. 처마도리라는 보(수평으로 된 기둥)를 수직 기둥들과 결합해요. 모르타르는 사용하지 않았고, 처마도리가 제자리를 유지하는 것은 대부분 중력 때문이에요.

[기둥] [처마도리]

여러 기둥에 처마도리 몇 개를 올려 구조를 만들어요.

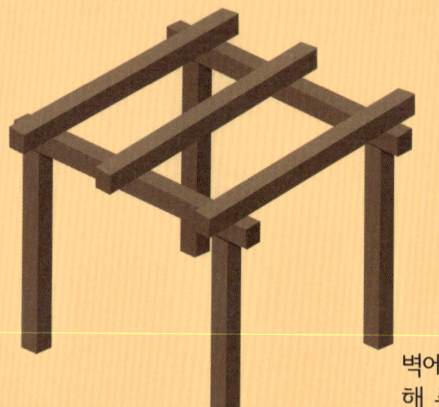

벽에 문과 창문을 낼 때 위쪽의 벽 무게를 지탱해 주는 부분을 상인방이라 부르는데 영어로는 처마도리와 마찬가지로 'architrave'라고 해요.

가장 큰 힘이 가해지는 곳은 처마도리의 가운데 부분이에요. 윗부분이 너무 무겁거나, 기둥과 기둥 사이가 너무 멀면 처마도리가 아래로 처지거나 부러질 수 있어요.

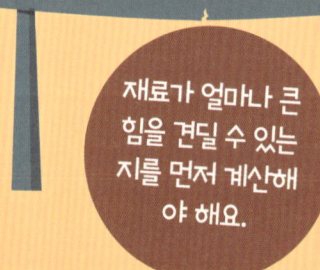

재료가 얼마나 큰 힘을 견딜 수 있는지를 먼저 계산해야 해요.

나무 흉내 내기

처음에 고대 그리스인들은 나무로 신전을 지었어요. 나중에 돌로 된 처마도리를 쓰면서 이전의 신전들에 썼던 모양을 그대로 본떴지요.

[트리글리프] (세로 세 줄 장식)
[메토프] (트리글리프 사이의 사각 벽면)

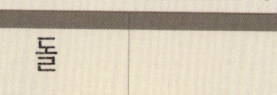
나무 / 돌

파르테논 신전
그리스, 아테네

 기원전 447~432   페이디아스, 익티노스, 칼리크라테스   대리석   신전

파르테논 신전은 도리스라는 양식으로 지어졌고, 아크로폴리스('높은 곳의 도시'라는 뜻)에서 가장 높은 곳에 자리하고 있어요. 이곳은 지혜와 전쟁의 여신인 아테나에게 바치는 신전이었어요.

파르테논 신전을 지을 당시에 아테네는 고대 그리스 미술과 문화의 중심지였어요. 아크로폴리스는 원래 요새였지만 곧 신성한 장소로 바뀌었어요. 파르테논이 가장 중요한 신전이었지만, 다른 신전들도 여기에 있었어요.

[처마도리]
[트리글리프]
[기둥] 굵은 기둥들이 기본 구조를 이루고 있어요.
[기단] (건물 터보다 한 층 높게 쌓은 단)

페이디아스는 파르테논 신전 건축가들 가운데 한 명이었어요. 그는 상아와 금으로 된 거대한 아테나 여신상을 조각한 유명한 조각가이기도 했어요.

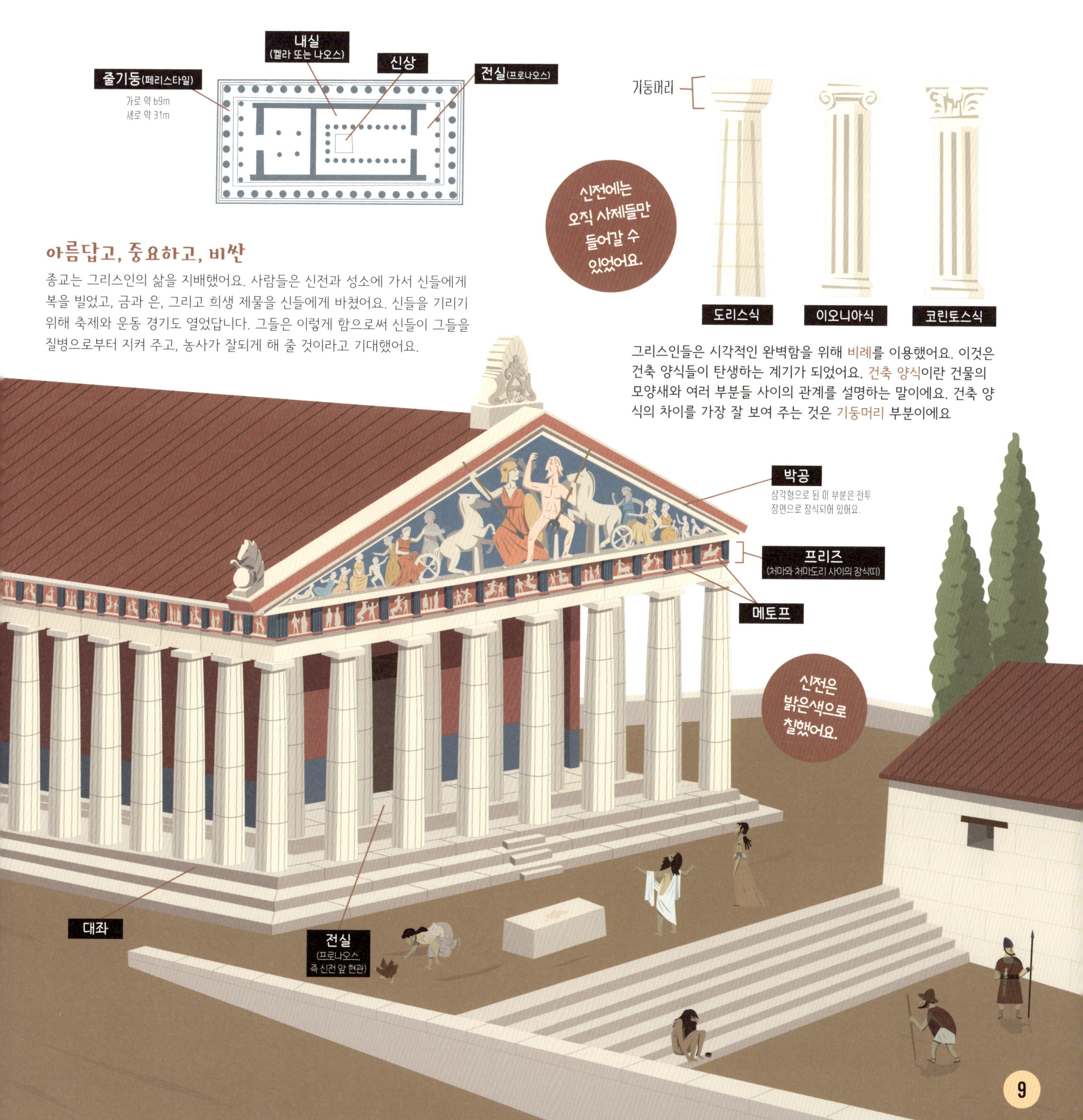

아름답고, 중요하고, 비싼

종교는 그리스인의 삶을 지배했어요. 사람들은 신전과 성소에 가서 신들에게 복을 빌었고, 금과 은, 그리고 희생 제물을 신들에게 바쳤어요. 신들을 기리기 위해 축제와 운동 경기도 열었답니다. 그들은 이렇게 함으로써 신들이 그들을 질병으로부터 지켜 주고, 농사가 잘되게 해 줄 것이라고 기대했어요.

줄기둥(페리스타일) 가로 약 69m 세로 약 31m
내실 (켈라 또는 나오스)
신상
전실 (프로나오스)

기둥머리
도리스식 | 이오니아식 | 코린토스식

그리스인들은 시각적인 완벽함을 위해 비례를 이용했어요. 이것은 건축 양식들이 탄생하는 계기가 되었어요. 건축 양식이란 건물의 모양새와 여러 부분들 사이의 관계를 설명하는 말이에요. 건축 양식의 차이를 가장 잘 보여 주는 것은 기둥머리 부분이에요

신전에는 오직 사제들만 들어갈 수 있었어요.

박공 삼각형으로 된 이 부분은 전투 장면으로 장식되어 있어요.
프리즈 (처마와 처마도리 사이의 장식띠)
메토프

신전은 밝은색으로 칠했어요.

대좌
전실 (프로나오스 즉 신전 앞 현관)

공중목욕탕

로마 사람들은 집에 욕실이 있는 경우가 드물었기 때문에 공중목욕탕에서 몸을 씻고, 사교 활동까지 했어요. 운동, 놀이, 친구와 대화, 휴식, 독서 같은 것도 그곳에서 즐길 수 있었어요. 목욕탕은 로마 사람들의 생활에서 중요한 부분이었고, 사람들은 여기서 날마다 많은 시간을 보냈어요.

'카르도'와 '데쿠마누스'는 도시의 중심가였어요. 카르도는 남북 방향으로, 데쿠마누스는 동서 방향으로 건설된 큰길이에요. 이 큰길들이 성벽을 지나는 지점에는 성문이 만들어졌어요.

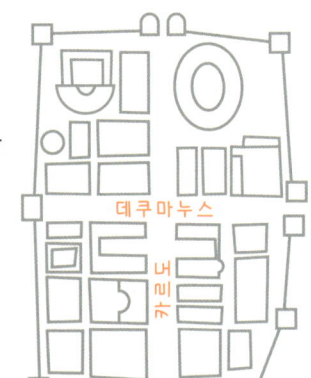

포럼

로마의 모든 도시에는 만남의 장소와 시장의 역할을 하는 공공장소인 포럼이 있었어요. 포럼은 카르도와 데쿠마누스가 만나는 곳에 있었어요. 종교나 행정과 관련된 중요한 건물들이 들어서 있었기 때문에 정치 집회나 토론 장소로도 쓰였어요.

시장

공공 급수대

로마 제국의 모든 도시는 포장된 간선도로를 통해 수도 로마와 연결되었어요.

로마 도로

수도교

로마에서는 물을 먼 곳에서 끌어오는 경우가 많아서 로마인들이 도시에 물을 공급하기 위해 지은 것이 수도교예요.

바실리카

재판소와 상업 활동 공간이기도 했지만, 공식 행사가 열리는 곳이기도 했어요. 오늘날의 시청과 비슷한 곳이에요. 바실리카는 두 줄의 기둥으로 내부 공간을 나누어, 양옆의 아치 통로와 그 사이의 긴 통로로 만들어지곤 했어요. 중앙 통로는 대개 양옆의 통로보다 넓고 높았어요.

로마인들은 죽은 사람들을 성벽 밖 길가에 많이 묻었어요.

채육관

로마 도시 계획의 탄생

로마 사람들은 제국 곳곳에 도시를 많이 세웠어요. 건설을 기념하는 행사를 열 때에는 성벽이 어디에 지어질 것인지를 표시한 지도로 도시의 영역을 보여 주었어요. 도시를 동서와 남북으로 가르는 주도로인 **데쿠마누스**와 **카르도**도 여기에 표시되었어요. 각 구획에는 '인술라'라는 공동 주택과 공공건물들이 지어졌어요. 상하수도 같은 기초적인 공공 서비스도 계획되었어요.

극장 관객이 앉을 수 있는 자리와 무대가 갖춰져 있는 반원 모양의 건물이에요.

원형 극장 오늘날의 운동 경기장들과 비슷하게 공공 행사가 열리는 곳이었어요. 이곳에서 검투사와 맹수의 대결이 펼쳐지기도 했지만, 무대에 물을 채워 바다 전투 장면을 연출했을 가능성도 있어 보여요.

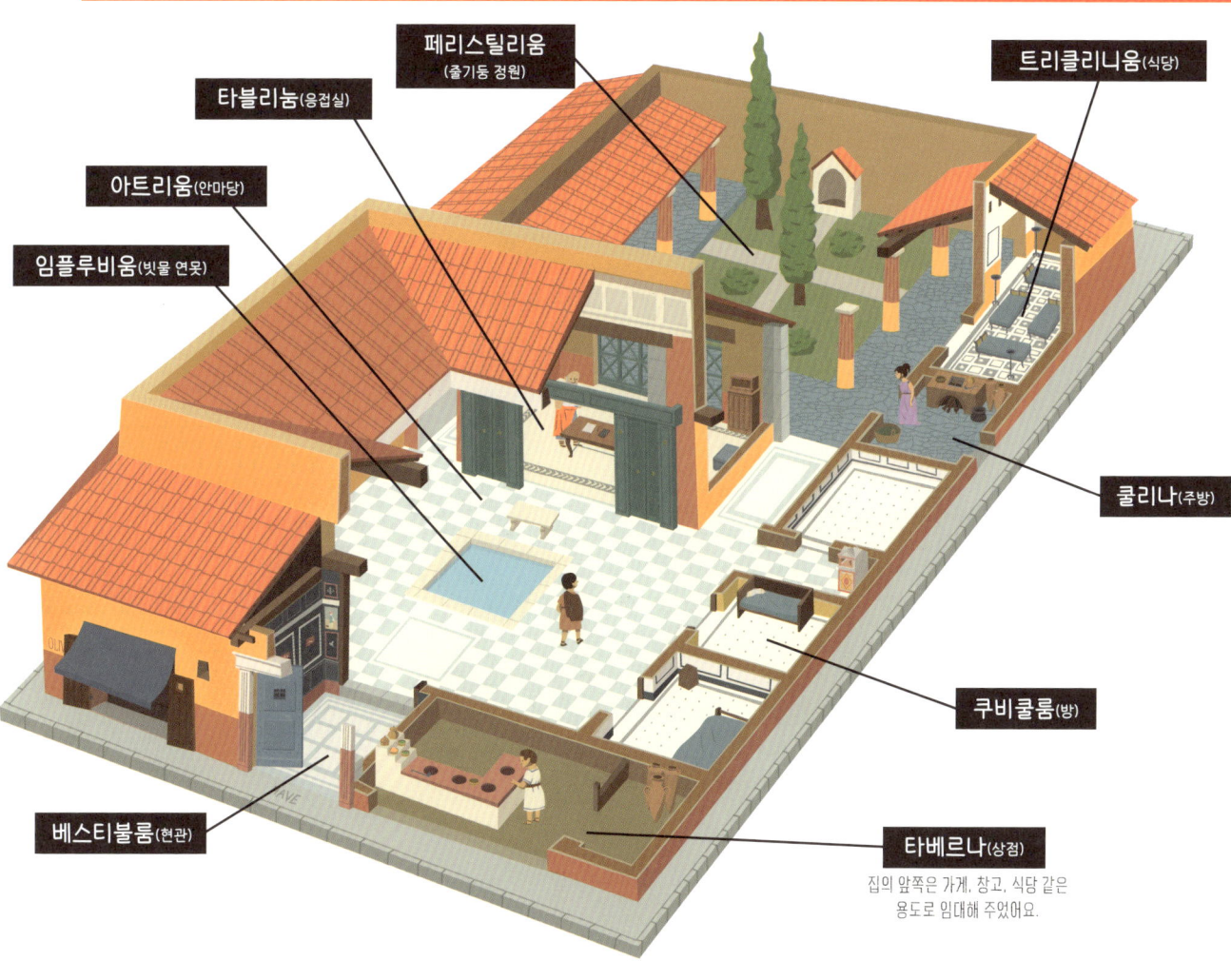

- 페리스틸리움(줄기둥 정원)
- 타블리눔(응접실)
- 트리클리니움(식당)
- 아트리움(안마당)
- 쿨리나(주방)
- 임플루비움(빗물 연못)
- 쿠비쿨룸(방)
- 베스티불룸(현관)
- 타베르나(상점)

집의 앞쪽은 가게, 창고, 식당 같은 용도로 임대해 주었어요.

로마의 주택(도무스)

 기원전 5세기 ~서기 5세기   돌, 벽돌, 시멘트  주택

도무스는 부유층 가족이 살던 집으로, 항상 똑같은 설계로 지어졌어요. 바깥으로 난 창문은 하나도 없었으나 방과 생활 공간들이 안마당과 정원 쪽으로 트여 있어서 빛이 들어오고 공기가 통할 수 있었어요. 입구 안쪽의 지붕 없는 **안마당**(아트리움)은 집의 정면 쪽에 있으면서 다른 여러 방으로 이어져 있었어요. 그 뒤쪽에는 집주인이 손님을 맞는 **응접실**(타블리눔)이 있었어요. 이곳은 집 뒤쪽의 **줄기둥 정원**(페리스틸리움)과 통해 있었어요. **식당**(트리클리니움)에는 식사 중에 누울 수 있는 안락의자들이 있었어요.

⚙ 아치와 궁륭

아치는 출입구와 창문을 만들면서 기둥 사이의 공간을 위로 티우는 데에 쓰여요.

아치는 홍예석이라는 쐐기 모양의 돌들이 서로 떠받치게 하는 식으로 만들어요. 홍예석은 돌이나 벽돌, 또는 다른 재료로 된 것을 쓸 수 있어요. 오늘날에는 아치를 콘크리트 한 덩어리로 만들기도 해요. 아치의 한가운데에 있는 홍예석은 **이맛돌**이라고 부르며, 아치의 곡선 모양을 마무리하면서 다른 홍예석들이 밑으로 떨어지는 것을 막아 주지요.

건물을 세우는 것은 중력과 싸우는 일이에요. 벽의 무게는 아치에 전해지고, 아치의 모양 때문에 힘이 옆쪽 방향으로 전해져요.

아치는 양옆이 튼튼하지 않으면 갈라져 무너질 수 있어요. 이 때문에 **버팀벽**을 붙여 옆쪽 방향으로 가해지는 압력을 땅으로 분산시키기도 해요.

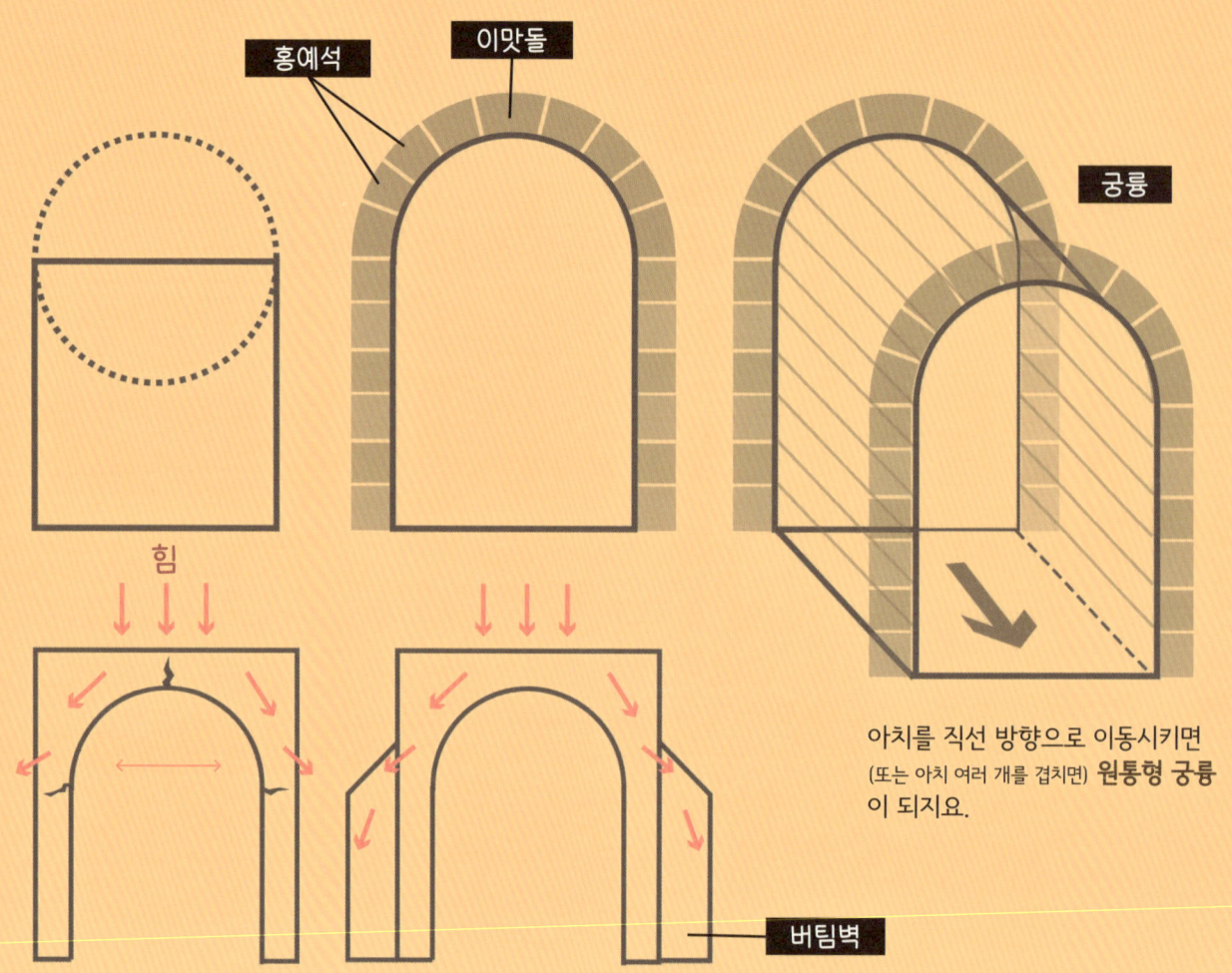

아치를 직선 방향으로 이동시키면 (또는 아치 여러 개를 겹치면) 원통형 **궁륭**이 되지요.

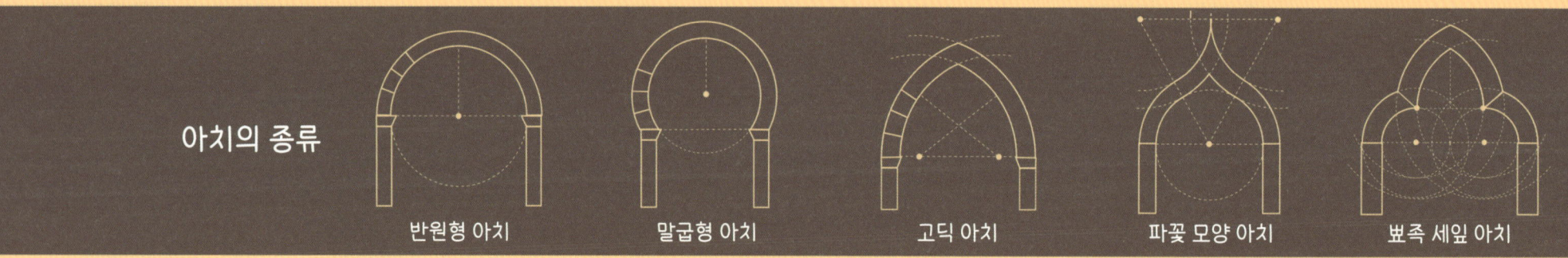

아치의 종류

반원형 아치 · 말굽형 아치 · 고딕 아치 · 파꽃 모양 아치 · 뾰족 세잎 아치

⚙ 돔

아치를 직선 방향으로 이동시키면 원통형 궁륭이 되지만, 아치를 제자리에서 회전시키면 돔이 돼요.

돔은 로마 시대 이래로 신전, 궁전, 공중목욕탕 같은 큰 건물에 사용되었어요. 로마에 있는 판테온의 돔은 전통 기법으로 지어진 돔의 본보기 가운데 하나예요.

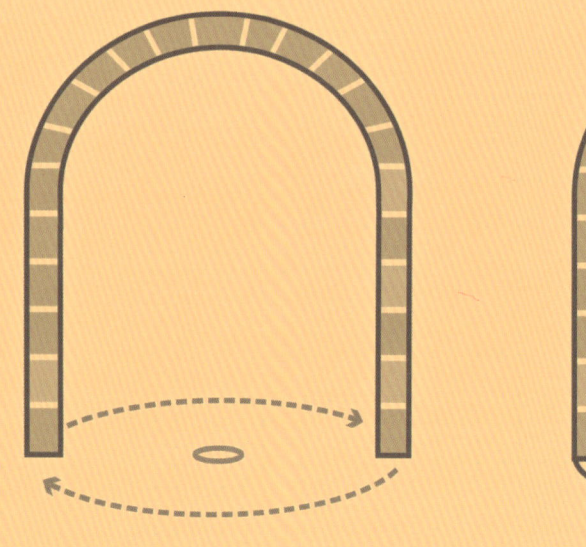
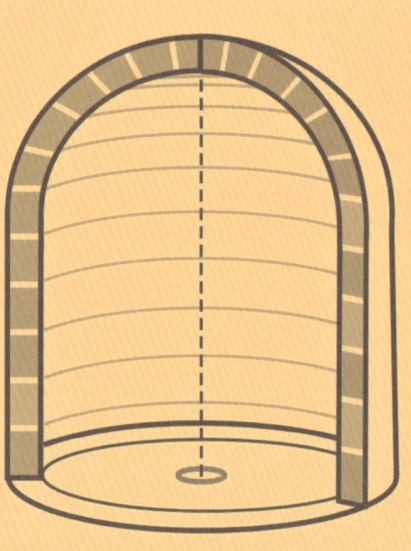

판테온 이탈리아, 로마

- 기원전 118 ~서기 125
- 다마스쿠스의 아폴로도로스
- 콘크리트와 벽돌
- 신전

판테온(Pantheon)이라는 단어에는 '모든 신을 위한 신전'이라는 뜻이 담겨 있어요. 판테온은 종교적인 목적으로 지어진 건축물이지만 정치 집회가 열리는 곳이기도 했어요. 이곳은 '로툰다'라고 부르는 커다란 원형 공간을 돔으로 덮은 구조로 되어 있어요. 유일하게 트인 곳은 건물 꼭대기에 있는 오쿨루스예요. 라틴어로 '눈'을 뜻하는 둥근 구멍인 오쿨루스는 햇빛이 들어오는 통로일 뿐만 아니라, 구조물을 한데 붙드는 둥근 고리 같은 역할도 하지요.

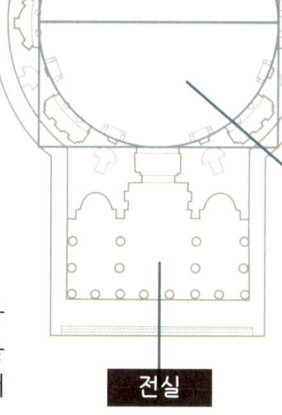

원통형

본당
내실

전실

오쿨루스('눈')

기하 구조
구와 원기둥 같은 기본적인 형태들이 돔과 로툰다에 적용되었어요. 원기둥의 높이는 구의 반지름과 같게 만들어졌어요.

돔
돔은 안쪽과 바깥쪽이 콘크리트 층으로 만들어졌어요. 지름이 43.4m로, 철근을 쓰지 않은 순수한 콘크리트로 만든 돔 가운데 가장 큰 돔이에요.

우물천장
네모꼴들이 파인 형태는 장식 효과도 있었지만, 지붕의 무게도 줄여 주었어요.

로툰다
로툰다는 원형 홀로, 돌을 보강재로 쓴 두 겹의 벽돌로 만들어졌어요.

판테온은 훗날 교회로 사용되었고, 지금까지도 원래의 형태를 잘 유지하고 있어요. 로마에 가면 들러 보세요.

판테온은 이후 1900년 동안 거의 수리를 하지 않고도 끄떡없었을 만큼 잘 지어졌어요.

전실

판테온의 본당은 전실(프로나오스)을 통해 들어가게 되어 있어요. 전실은 신전과 비슷한 형태를 하고 있어요. 이런 출입 공간은 내부와 바깥세상 사이의 중간 단계 역할을 하지요.

콘크리트로 지은 건물
로마인들은 건물을 지을 때 콘크리트를 썼어요. 이 콘크리트는 물과 화산재, 벽돌 가루, 석회석을 섞어 만들었어요.

비잔틴 건축

로마 제국의 힘은 비잔티움이라는 이름으로 불리다가 오늘날에는 이스탄불이라 불리는 도시 콘스탄티노폴리스가 계승했어요. 비잔틴 제국은 로마의 문화를 중동의 문화와 결합했어요. 비잔틴 건축의 전형적인 특징으로는 돔의 적용, 돌 대신 벽돌 사용, 그리고 건물 꼭대기에 돔을 올려도 될 정도로 튼튼한 건물 구조 같은 것을 들 수 있어요.

버팀벽

성 소피아 대성당
튀르키예, 이스탄불

- 서기 532~537, 563
- 트랄레스의 안테미오스, 밀레토스의 이시도로스
- 돌과 벽돌
- 예배당

성 소피아 대성당은 이전 건물이 불에 타 버린 자리에 지어졌으며, 노동자 1만 명이 6년 만에 완공했어요. 그러나 지어진 지 얼마 되지 않아 지진으로 돔이 무너지자 돔을 다시 지었어요. 성 소피아 대성당은 성 베드로 대성당이 건설되기 전까지 1천 년이 넘는 세월 동안 세계에서 가장 규모가 큰 성당이었어요. 오스만튀르크가 비잔티움 제국을 멸망시킨 뒤, 대성당은 이슬람교 사원으로 쓰이기 시작했어요.

이스탄불에 가면 성 소피아 대성당은 꼭 가 보세요!

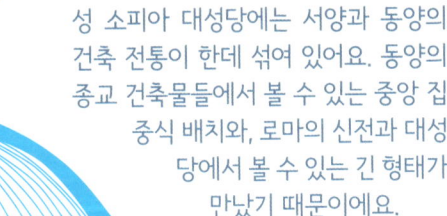

성 소피아 대성당에는 서양과 동양의 건축 전통이 한데 섞여 있어요. 동양의 종교 건축물들에서 볼 수 있는 중앙 집중식 배치와, 로마의 신전과 대성당에서 볼 수 있는 긴 형태가 만났기 때문이에요.

⚙ 네모꼴 위에 돔을 얹는 방법

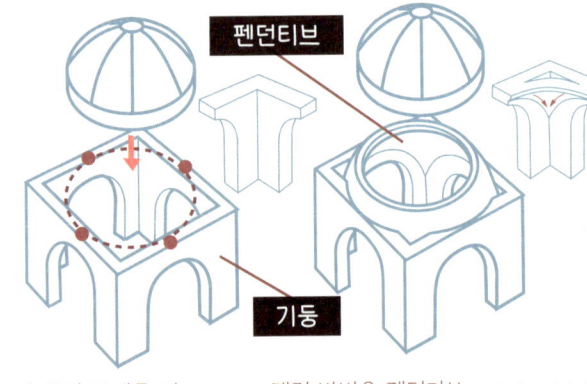

펜던티브

기둥

네 군데로만 돔의 무게를 지탱하면 아치들이 돔의 무게를 감당할 수 없어요.

해결 방법은 펜던티브(돔과 지주 사이의 아치형 부분—옮긴이)를 만들어 돔 무게를 기둥 쪽으로 분산시키는 것이에요.

중앙 돔
지름 31m, 높이 55m

펜던티브

반쪽 돔

중앙 회중석
(신도들이 모이는 공간)

입구

버팀벽과 반쪽 돔이 함께 건물 구조를 지탱해요.

바위의 돔
이스라엘-팔레스타인 예루살렘

술탄 아흐메트 사원(블루 모스크)
튀르키예 이스탄불

산마르코 대성당
이탈리아 베네치아

돔의 세계

성 소피아 대성당의 돔은 판테온의 돔에서 영향을 받았으나 이후에는 다른 모든 돔의 본보기가 되었어요. 실크로드를 따라가며 볼 수 있는 중요한 종교 건축물들에는 이슬람교, 기독교 할 것 없이 돔이 있어요.

이맘 호메이니 사원
이란 이스파한

성 바실리 대성당
러시아 모스크바

타지마할
인도 아그라

틸랴-코리 마드라사
우즈베키스탄 사마르칸트

세인트폴 대성당
영국 런던

안드레아 팔라디오

팔라디오(1508~1580)는 위대한 미술의 시대 르네상스의 말기에 속하는 16세기의 중요한 이탈리아 건축가예요. 그는 베네치아와 비첸차를 중심으로 활동했어요. 팔라디오의 건축, 특히 저택들은 후대 건축가들이 공공건물을 설계하는 데에 아주 큰 영향을 미쳤어요. 건축가들은 기하학, 대칭 그리고 반복을 토대로 한 팔라디오의 균형 잡힌 고전주의 건축 양식에서 많은 영감을 얻었어요.

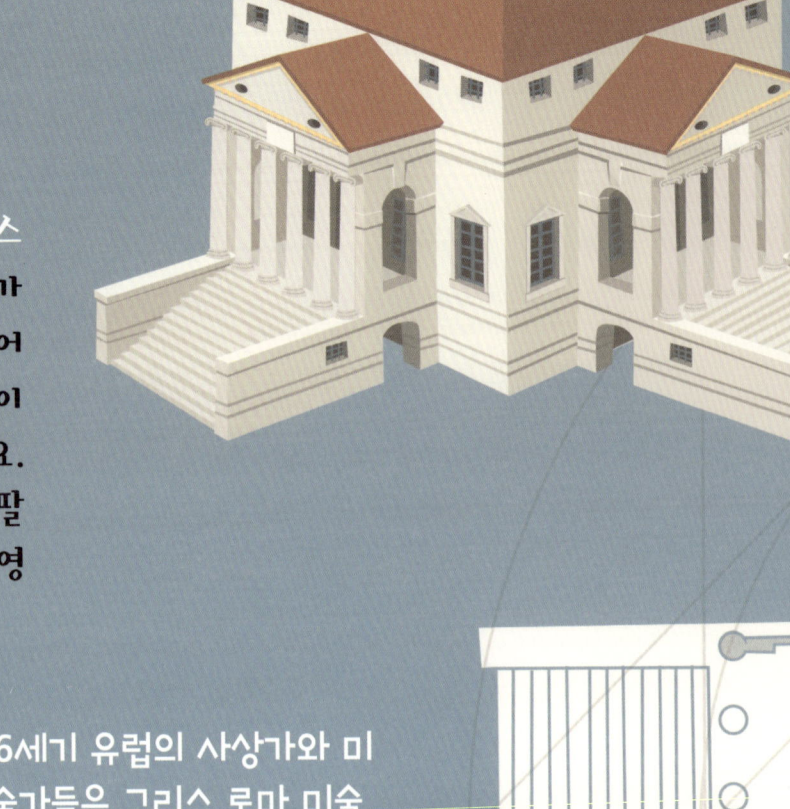

16세기 유럽의 사상가와 미술가들은 그리스 로마 미술과 사상의 재발견이 고전주의 문화의 재생과 부흥(르네상스)을 낳았다고 믿었어요.

라 로톤다 이탈리아, 비첸차

 1566~1620   안드레아 팔라디오   돌   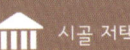 시골 저택

'라 로톤다'로 더 잘 알려진 '빌라 알메리코 카프라'는 팔라디오의 가장 유명한 건축물 가운데 하나예요. 비첸차 부근에 있는 이 저택은 고전 시대 그리스와 로마의 신전 건축에 사용된 요소들을 응용한 르네상스 양식으로 지어졌어요. '라 로톤다'라는 이름 자체는 '둥근 저택'이라는 뜻이지만, 사실 이 건물의 기초 부분은 십자 위에 정사각형을 올린 모양으로 되어 있어요.

건축가들이 쓰는 가장 중요한 개념들을 라로톤다에서 찾을 수 있어요.

리듬

리듬은 물체들의 순서와 크기에서 나타나는 관계를 말해요. 음악에서와 비슷하게, 건축 요소들은 어떤 리듬에 따라 배열되지요. 예를 들면, 모든 창문을 똑같은 크기와 똑같은 간격으로 배치할 수도 있고, 그와는 다른 방식으로 배열할 수도 있으며, 이렇다 할 순서가 아예 없게 할 수도 있어요.

똑같은 창문들

변화를 준 창문들은 다른 리듬을 만들어 내요.

대칭

가운데 선을 중심으로 어떤 물체를 접었을 때 거울을 보듯 양쪽이 똑같은 것을 대칭이라고 해요. 대칭은 수학과 자연 세계 모두에서 발견할 수 있어요. 우리의 몸 역시 대칭이에요. 대칭을 이루는 건축물이 균형감과 아름다움을 보여 준다는 믿음은 고대부터 내려오고 있어요.

오늘날 사람들은 집이 대칭이 될 수도 있고 비대칭이 될 수도 있으며, 그 둘이 어우러질 수도 있다고 여겨요.

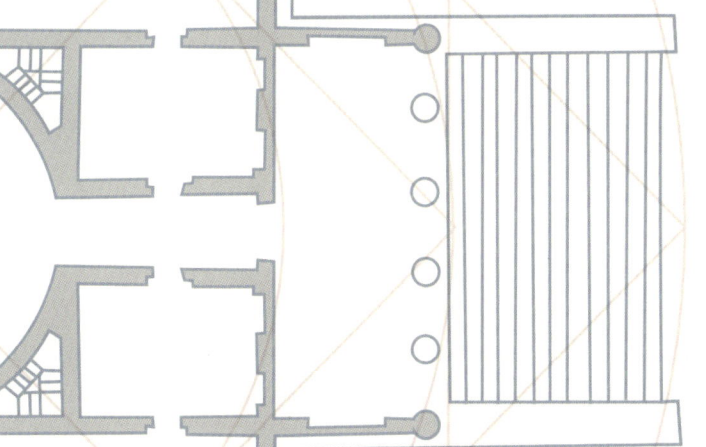

기하학

기하학은 입체의 성질을 다루는 수학이에요. 건축물은 입체예요. 정육면체, 구(13쪽의 판테온을 보세요), 피라미드, 직각 프리즘 같은 입체들이 한데 모여 건축물의 최종 모양이 만들어져요.

아름다움

팔라디오는 르네상스의 이상인 기하학과 비례에서 아름다움을 추구했어요. 건축의 이상은 시대와 문화마다 달랐지만, 로마의 건축가이자 이론가 비트루비우스는 좋은 건축은 아름다움, 튼튼함, 기능성이라는 세 가지 원칙 사이에서 균형을 잡는 것에 달려 있다고 주장했어요.

일본의 집

일본 사람들은 아름다운 집은 '비움'이 있어야 한다고 생각해요. 마루, 지붕, 벽, 뼈대가 보여야 하고, 추가적인 장식이 있으면 안 되었어요. 그 때문에 일본의 전통 주택들은 정해진 용도의 가구가 없는 방들로 이루어졌어요. 식사, 수면, 독서 등 그 어떤 활동도 어느 방에서나 할 수 있어요. 주방이나 욕실 같은 몇몇 공간만이 구체적인 용도가 정해졌어요. 나머지 방들은 용도가 따로 정해져 있지 않았고, 방과 방은 미닫이문으로 연결되었어요.

집들은 주로 일본 내륙 지방의 숲에서 가져온 목재로 지었어요. 목재는 따뜻한 느낌을 주면서 오래가는 재료예요.

집 안의 얇은 벽과 미닫이문은 대나무, 종이 그리고 판지를 주재료로 써서 만들었어요.

집은 나무로 뼈대를 만들어 지었어요. 장식이라 할 만한 것은 기둥과 보뿐이었어요.

집에 들어가기 전에 신발을 벗어 현관에 두는 것이 전통이에요.

베란다

19세기부터 일본 양식은 서양의 미술과 건축에 영향을 미쳤어요. 모듈화된 공간들을 중심으로 이루어지면서 확장과 변경이 가능한, 동양의 단순하고 꾸밈없는 미학에서 근대 건축은 많은 도움을 받았어요. 이런 방식은 찰스 레니 매킨토시 같은 건축가들에게 중요한 영향을 미쳤어요.

정원의 중요성

정원은 일본 전통 건축에서 특히 중요한 부분들 가운데 하나예요. 좋은 정원이란 선불교 철학이 반영된 규칙들을 잘 따른 정원이었어요. 돌, 인공 연못 그리고 화초들의 위치가 그 규칙들에 따라 정해졌어요. 여기에는 집 안이 자연과 하나로 조화되어야 한다는 생각이 밑바탕에 깔려 있어요. 베란다, 현관, 미닫이문 같은 것들도 그래서 아주 중요해요. 이런 것들이 집 안의 방들과 바깥 세계 사이의 직접적인 관계를 만든다고 생각하기 때문이에요.

| 다실 | 다실은 차를 마실 때 쓰는 작은 건물이에요. 대개 계절 꽃들로 장식되었으며 성찰과 명상의 공간으로 쓰였어요.

일본 사람들은 침대와 소파 대신 요와 방석을 썼어요. 이것들이 필요 없을 때에는 벽장에 보관했기 때문에 방을 다른 용도로 쓸 수 있었어요.

| 주방 |

일본의 집들은 나무 바닥을 지면에서 띄워서 지었어요.

일본의 전통 주택들은 돗자리인 다다미를 기준으로 방 치수를 표시해요. 다다미는 항상 긴 변의 길이가 짧은 변의 두 배예요. 다다미 몇 장으로 바닥을 덮을 수 있는지로 집 안에 있는 각 방의 크기를 표시했어요.

| 다다미 |

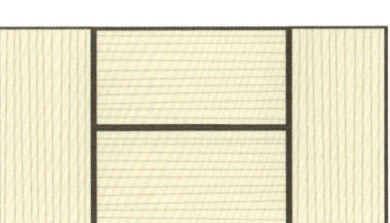
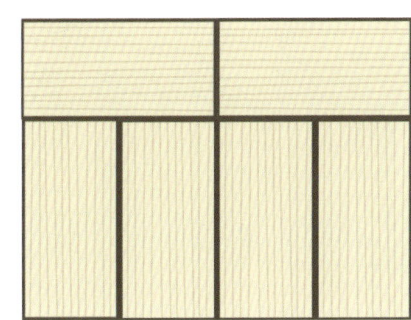

가쓰라 이궁
일본, 교토

 1620~1658　　도시히토 왕자　　나무, 종이, 판지　　궁전

이 궁전은 일본 미술과 건축의 가장 중요한 본보기 가운데 하나예요. 400년 전에 도시히토 왕자가 교토 근처 가쓰라강의 강둑에 짓기 시작했는데, 다 짓는 데 50년이 걸렸어요.

가쓰라 이궁의 다실

이 궁전은 목조 기단 위에 올린 한 층짜리 건물이에요. 본채에 해당하는 서원은 수많은 방이 미로처럼 복잡하게 붙어 있는 형태이고, 정자와 다실들이 주위를 둘러싸고 있어요. 서원은 미닫이문을 통해 연결되는 새로운 방들을 더해 나가는 식으로 확장되었어요.

가쓰라 이궁은 일본 왕족들이 궁전을 떠나 쉬거나 달구경을 하기 위한 별장이었어요. 궁전을 둘러싼 소박한 건축물과 정원들은 통일성과 조화, 그리고 평온함을 느낄 수 있게 만들어졌어요.

궁전의 방들은 대부분 사람들이 정원과 연못을 바라볼 수 있도록 바깥쪽을 향하고 있어요. 그리고 정원 곳곳에는 수많은 보행로가 구불구불 나 있어요. 정원에는 달구경을 할 수 있도록 널찍하게 만든 툇마루도 있어요.

건축가 없는 건축
토속 건축

인간이 처음 집을 지을 때는 강과 가까운 높은 장소를 골랐어요. 무서운 동물과 적으로부터 자신을 지켜야 했기 때문이에요. 집을 지을 곳은 미리 계획되어 있지 않았고, 집과 길의 위치를 정해 주는 건축가와 도시 계획자도 없었어요. 세월이 흐르면서 사람들은 상식과 지식을 활용하고, 주변에서 구할 수 있는 재료를 써서 마을의 모양을 갖추게 되었어요. 이를 흔히 토속 건축이라고 불러요. 오늘날에도 시골은 물론이고 대도시에서도 이런 방식의 건축을 볼 수 있어요.

토속 건축물들은 건축가 한 사람이 만든 것은 아니지만 대개는 주변 다른 건물들과 특징이 비슷해요. 같은 지역에서 발견되는 집들은 서로 비슷한 점이 많아요. 같은 기후와 같은 문화에서 같은 재료를 쓰기 때문이지요. 시간이 지나면서 마을의 집들은 증축이 되기도 하고, 허물고 새로 지어지기도 해요. 그러나 집들끼리는 다를 수 있어도, 같은 건축 기법, 재료, 색상 등이 쓰이면서 하나의 건축 양식은 유지돼요.

건축은 문화에 의해 한데 엮이고 공유되는 수많은 개별 요소들의 집합체라는 점에서 문명과도 비슷해요.

흙다짐벽 만들기

토속 건축에서는 건물을 짓기 전에 설계도를 만들지 않아요. 건축 기법은 사람이 사는 곳마다 문화의 일부예요. 그 한 가지 예가 흙다짐벽이에요.

모로코 아틀라스산맥의 베르베르족 마을은 토속 건축을 잘 보여 주는 사례예요. 산비탈에 자리 잡은 이곳의 집들은 돌벽과 다진 흙 또는 진흙으로 지어졌어요. 마을을 보면 미리 계획해서 지은 것처럼 보일 수도 있어요. 집들이 모두 비슷하게 생겼고, 같은 재료를 쓰고, 벽과 지붕을 함께 쓰는 경우가 많기 때문이에요. 그러나 이 마을은 오랜 세월에 걸쳐 건설되었고, 그 과정에서 베르베르족의 토속 건축 양식이 만들어졌어요.

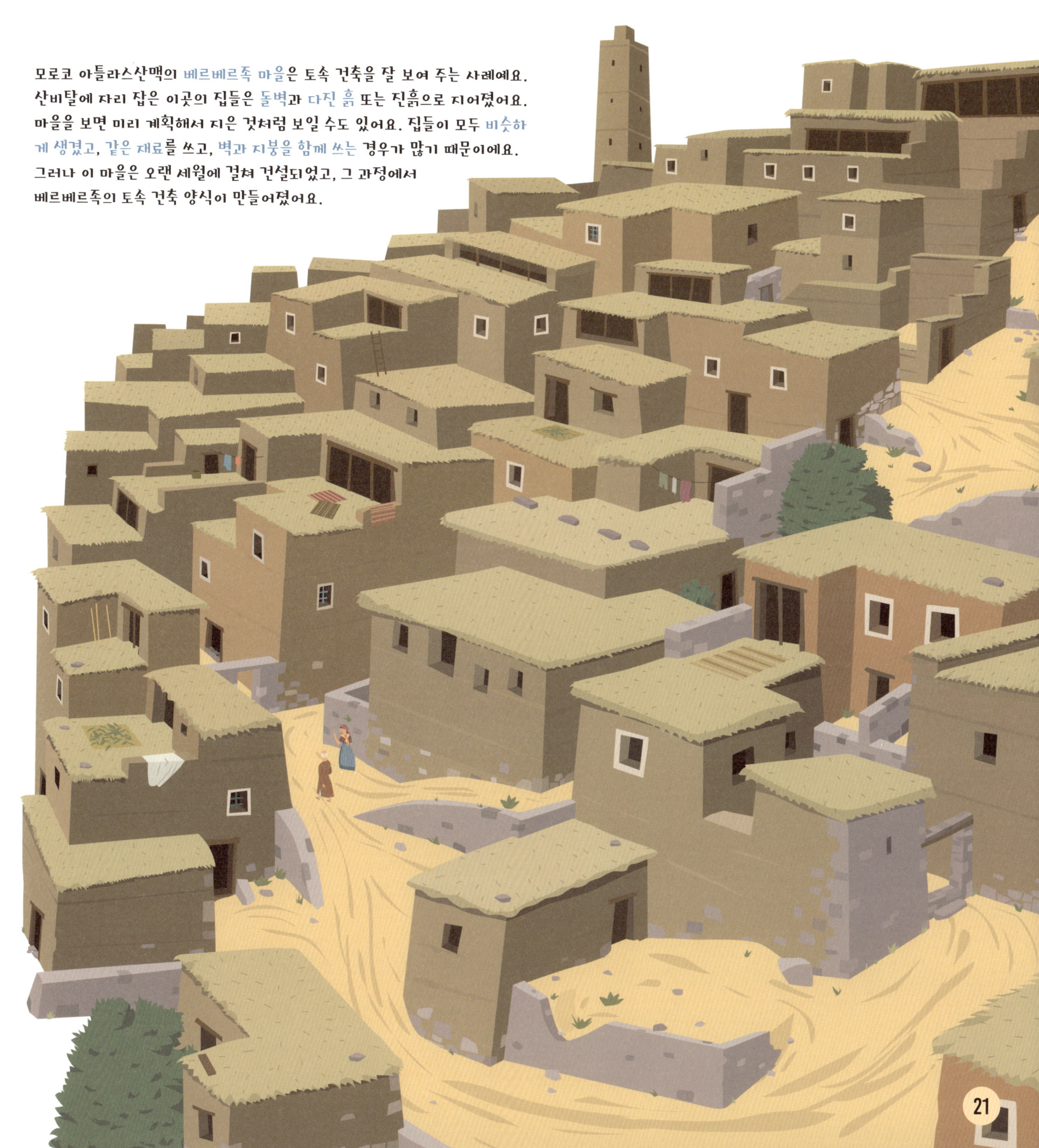

몽골의 유르트

러시아의 다차

파푸아 뉴기니 다니족의 오두막

미국 대평원의 티피(원뿔 모양 천막)

주택

최초의 인류가 살았던 동굴부터 오늘날의 현대적인 집에 이르기까지, 각 문화는 저마다 구하기 쉬운 재료를 써서 주변으로부터 안전하게 보호받을 수 있는 집을 서로 다른 모습으로 창조해 왔어요. 세계의 기후와 풍경이 다 다른 것을 생각해 보면 집들이 서로 너무나 다르다는 것이 놀랍지 않았어요.

오만 알함라의 어도비(진흙 벽돌) 집

브라질의 빈민가 집

프랑스 남부와 스페인 북동부의 마시아(농가)

말레이시아 사바의 해상 유랑민이 사는 수상 가옥

영국의 목조 주택

캐나다 이누이트족의 이글루

일본의 다실

영국 집시들의 이동 주택 바르도

중국의 삼판선

북아메리카의 위그웜 (둥근 오두막)

카메룬 포도코족의 오두막

모로코 사막 유목민들의 천막

미국의 통나무집

새로운 시대

증기 기관의 발명과 산업 혁명은 건축에도 엄청난 변화를 불러일으켰어요. 주철(탄소 함유량이 1.7% 이상인 철 합금으로, 쇳물을 틀에 부어 무언가를 만들 때 많이 써요—옮긴이) 기술의 발전은 새로운 건설 방법의 등장을 뜻했어요. 커다란 판유리를 만드는 기술에서 볼 수 있듯, 건축 재료를 새로운 방식으로 만들게 되면서 이전의 것들은 밀려났고, 건물을 설계하고 짓는 방식도 바뀌었어요.

공장과 다리를 비롯한 많은 구조물을 만드는 데 철이 쓰이기 시작하더니, 철은 이내 그 시대의 가장 중요한 건물과 기념물들을 지을 때도 가장 선호되는 재료가 되었어요.

공사를 시작하기 전에 건물을 구성하는 각 부분을 미리 설계하고 계획해 대량으로 생산할 수 있게 된 것도 이때부터였어요. 철이나 유리로 된 자재들은 여러 다른 공장에서 만든 뒤 공사 현장으로 옮겨졌어요.

이러한 새로운 기술들 덕분에 건축가와 기사들은 빛이 잘 드는 넓게 트인 공간을 꿈꿀 수 있게 되었어요. 이에 따라 19세기에 초대형 전시관들이 지어졌어요. 1851년 런던 세계 박람회 개최를 위해 지어진 유명한 크리스털 팰리스도 그중 하나예요. 에펠탑은 1889년의 파리 세계 박람회를 위해 스티븐 소베스트르가 설계하고 공학자 귀스타브 에펠이 건축한 거대한 금속 구조물이에요.

세계 박람회
세계의 여러 도시에서 열리는 세계 박람회는 각 나라의 과학 기술을 선보이는 기회가 되었어요. 박람회 개최국들은 가장 특별한 건물과 기념물을 짓는 경쟁도 벌였어요.

로버트 스티븐슨이 최초의 증기기관차 가운데 하나인 로켓호를 개발한 직후부터 철도망이 영국을 덮기 시작했어요.

리벳 작업에는 네 사람이 필요했어요.

에펠탑은 철물 18,000개를 리벳 250만 개로 이어 붙여 만들었어요.

⚙ 얇은 금속판들을 리벳으로 접합하기

19세기에는 수많은 금속 구조물이 리벳으로 금속판을 이어 붙이는 기술을 사용해 만들어졌어요. 리벳은 못과 비슷하면서 대가리가 두툼하게 생긴 부품이에요. 석탄 화로에 넣어 빨갛게 달군 리벳을 금속판의 구멍에 꽂은 뒤, 반대쪽으로 튀어나온 부분을 금속판 두 장이 붙을 때까지 망치로 두드려 주어요.

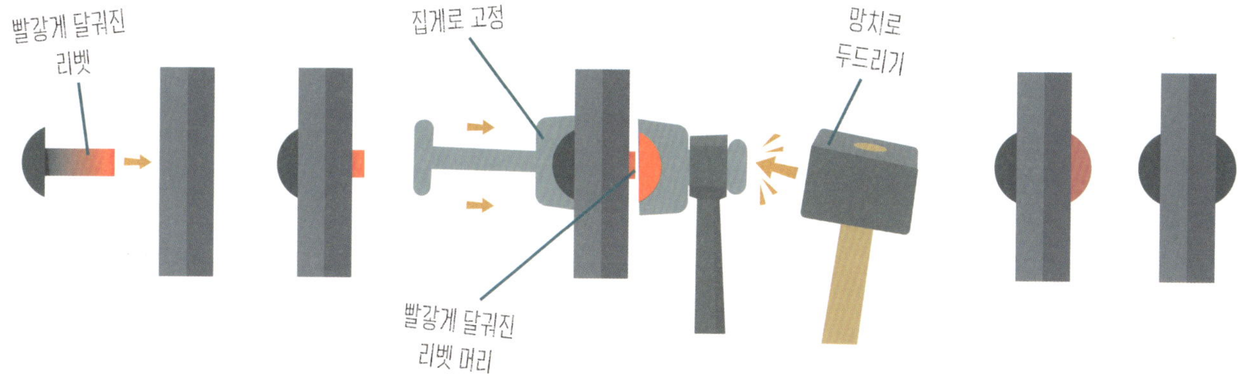

빨갛게 달궈진 리벳 | 집게로 고정 | 망치로 두드리기

빨갛게 달궈진 리벳 머리

만국 박람회가 끝나면 에펠탑을 철거하는 것이 원래의 계획이었으나 그냥 보존하기로 했어요. 지금은 세계에서 가장 많은 사람이 찾는 기념물 중 하나가 되었어요.

크리스털 팰리스 (수정궁) 영국, 런던

🕐 1851 · 조지프 팩스턴 · 주철과 유리 · 전시관

런던의 크리스털 팰리스는 주철 건축물의 좋은 예이면서 세계 박람회의 대표 상징물이기도 해요. 영국의 정원사 조지프 팩스턴은 세계 박람회를 위해 당시로서는 획기적인 건물을 설계했어요.

크리스털 팰리스는 철과 판유리를 반복적으로 사용해서 만든 온실로 그 길이가 564m에 이를 만큼 어마어마했고, 그 안에는 34m 높이의 긴 통로 세 개가 들어서 있었어요.

아르 누보

19세기 말 유럽의 예술 양식인 아르 누보는 '새로운(nouveau, 누보) 예술(art, 아르)'이라는 뜻으로, 장인 정신과 섬세함을 중시했어요. 나라마다 구체적인 모습은 달랐지만, 대개 건축에서 미술과 공예를 한데 결합하려고 했어요. 그 개척자 중에는 건축가인 빅토르 오르타(벨기에), 화가인 알폰스 무하(체코)와 구스타프 클림트(오스트리아) 등이 있어요. 아르 누보 건축은 곡선과 자연적인 형태를 즐겨 사용했어요. 아르 누보 양식은 창문, 조각, 가구, 장신구, 램프, 판화, 그래픽 디자인 등에서도 활용됐어요. 아르 누보는 사람들을 환영하는 환경을 창조하는 종합 양식의 하나로 여겨졌어요.

자연에서 얻은 영감

가우디는 자연에서 아이디어를 얻은 형태와 구조들을 사용했어요. 그가 표현한 곡선들은 자연계에서 발견할 수 있는 형태들이에요. 가우디의 건축물에서 우리는 물결이 이는 천장, 생선 비늘 같은 벽, 뼈처럼 보이는 기둥, 용의 등처럼 생긴 지붕 같은 것들을 볼 수 있어요.

숲을 표현한 기둥

가우디는 성당 안의 기둥들이 나무숲처럼 보이게 했어요.

아르 누보 양식으로 꾸며진 파리의 지하철역 입구

아르 데코: 윌리엄 밴 앨런이 건축한 뉴욕의 크라이슬러 빌딩

아르 누보와 전위 미술의 영향을 받아 생겨난 아르 데코 양식은 기하학적 형태와 직선들을 활용한 장식 미술과 디자인을 크게 강조했어요. 이를 통해 아르 데코는 호화스럽고 매혹적인 느낌을 주는 양식이 되었어요.

알고 있었나요? 사그라다 파밀리아는 공사가 시작된 지 100년도 넘었으나 아직도 완공되지 않았답니다!

중앙 탑이 다 지어지면 사그라다 파밀리아는 세계에서 가장 높은 교회 건물이 되지요.

사그라다 파밀리아
스페인, 바르셀로나

 1902년에 착공   안토니 가우디  돌, 콘크리트, 유리   성당

아직 완공되지는 않았지만, 사그라다 파밀리아 성당은 가우디의 가장 유명한 작품이에요. 가우디는 이 환상적인 성당을 완성하기 위해 마법 같은 건축물을 창조할 수 있는 온갖 조각, 회화, 건축술을 모두 그러모았어요. 신앙에서 영감을 얻은 가우디는 사그라다 파밀리아를 세계에서 가장 성스러운 건축물로 만들 생각이었어요. 그는 건물 곳곳에 숨겨진 암호와 상징을 통해 기독교의 역사를 설명하려 했어요.

황토색은 이미 완공된 부분이에요.

안토니 가우디

트렌카디스 (깨진 타일 모자이크)

가우디는 깨진 타일 조각으로 모자이크를 만드는 트렌카디스(Trencadis)라는 벽 장식 기법을 고안했어요. 트렌카디스는 가우디의 모국어인 카탈루냐어로 '조각내'이라는 뜻이에요. 가우디가 자신의 건축물에 적용한 곡면을 장식하기에 아주 좋다는 것이 트렌카디스 기법의 장점이지요.

파란색은 아직 완공되지 않은 부분이에요.

건축가 안토니 가우디(1852~1926)의 건축은 역사상 매우 독창적인 것들 중 하나예요. 가우디의 작품들은 대부분 스페인 카탈루냐 지역에 있어요. 가우디는 자신의 건축물에 기하학과 자연에서 영감을 얻은 곡선들과 물결 모양들을 즐겨 썼어요. 그러나 울타리에서부터 가구, 벽난로, 난간 그리고 램프에 이르기까지 건축물의 아주 세세한 부분들은 직접 설계했어요.

안토니 가우디

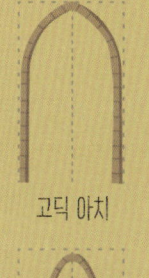

고딕 아치

포물선 아치

끈
추
거울

⚙ 거꾸로 보기

가우디의 건축은 아주 높은 구조물을 만들 수 있도록 포물선 아치를 적용한 것이 많아요. 컴퓨터의 도움을 받을 수 없던 19세기에는 이런 형태의 곡선을 계산해 내기가 아주 어려웠어요. 가우디는 아치의 형태와 감당할 수 있는 하중을 계산하는 자신만의 방법을 고안했어요. 그는 끈으로 아치를 표현하고 추를 이용해 하중을 시뮬레이션하는 모형을 만들었어요. 특히 기발했던 부분은, 모형을 천장에 매달고 바닥에 거울을 놓은 것이었어요. 거울을 들여다보면 건물이 완성되었을 때 어떤 모습일지 알 수 있었어요.

건축이 다른 예술을 만날 때

건축의 역할은 미래의 환경을 상상하고 만들어 내는 것이에요. 건물, 공원, 주택 단지, 도시 같은 것이 여기에 포함되지요. 그러나 많은 건축가는 가장 크고 복잡한 요소들부터 가장 작고 단순한 것에 이르기까지 디자인의 모든 부분을 직접 설계하고 싶어 했어요.

건축가가 건물의 모든 영역에 손댈 때에는 장식장과 가구에서부터 문손잡이나 식칼과 포크 같은 것에 이르기까지 어느 것 하나도 빼놓지 않아요.

카사 바트요의 식탁 의자
안토니 가우디,
1907년

PH5 펜던트 등
포울 헤닝센, 1958년

힐 하우스의 사다리 등받이 의자
찰스 레니 매킨토시,
1903년

지츠마시네(앉는 기계) 의자
요제프 호프만,
1905년

위글 의자
프랭크 게리,
1972년

찻주전자
발터 그로피우스,
1969년

건축가 알바르 알토와
아이노 마르시오
알토의 집 작업실,
1934~36년

램프에서 도시까지

이따금 우리는 건축가를 디자이너, 기사, 조경사, 심지어 도시 계획자로 혼동할 만도 해요. 건축가는 모든 종류의 건축물과 그 안의 모든 물체를 다룰 뿐만 아니라, 공공장소와 도시를 계획하는 일에도 관여하기 때문이지요.

계란 의자
아르네 야콥센, 1958년

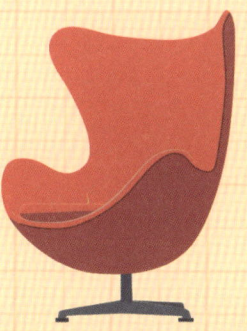

스웨덴과 덴마크를 연결하는
외레순 다리,
1999년

어떤 디자이너는 물체, 제품, 개념 또는 공간의 디자인에 주력해요. 또 어떤 디자이너는 가구를 비롯해 의자, 탁자, 램프, 포크와 칼, 유리잔 같은 가정용품 디자인을 전문으로 하기도 하지요. 많은 건축가들도 자신의 건축물에서 그런 부분들을 개발하는 데 관심이 있어요.

구조 기사와 토목 기사는 다리를 건설하기 위한 구조 계산, 도로 계획, 항만 설계 등과 같이 마을이나 도시의 설계에서 좀 더 기술적인 부분을 담당하지요.

바르셀로나의 주거 광장

스웨덴 스톡홀름의 공원묘지인
스콕쉬르코고르덴,
에리크 군나르 아스플룬드, 1915년

도시를 설계하는 사람들을 도시 계획자라고 해요. 이들은 도시의 환경, 교통, 공공장소 그리고 건물 등을 다루지요. 이들은 또 도시 공간을 살피고, 이곳을 사람들이 더 살기 좋은 곳으로 만들기 위해 애써요.

조경 디자이너는 미적이고 건축적인 관점에서 넓은 공간을 연구하고 계획해요. 이들은 때로는 미묘하고 때로는 대담한 방법으로 풍경을 바꿀 수 있어요.

르코르뷔지에

르코르뷔지에(1887~1965)는 스위스에서 태어났으며, 본명은 '샤를-에두아르 잔레-그리'예요. 그는 오랫동안 파리에서 살면서 세계 곳곳의 건축물을 설계했어요. 건축과 도시 계획을 주로 했으나 화가이자 조각가이기도 했어요. 르코르뷔지에는 전통적인 형태와는 아주 다른 현대적인 형태의 건축을 추구했고, 20세기의 가장 영향력 있는 건축가 가운데 하나로 꼽히지요.

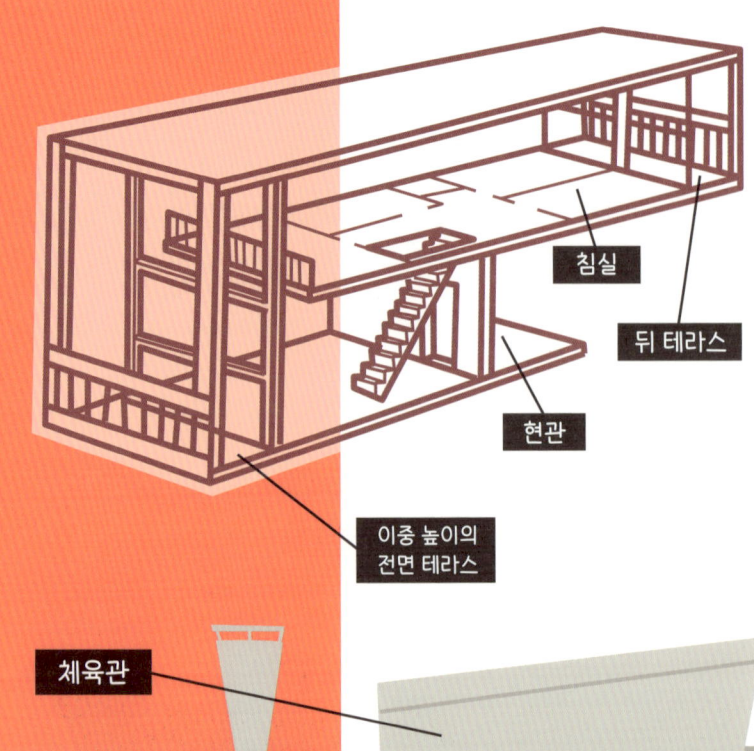

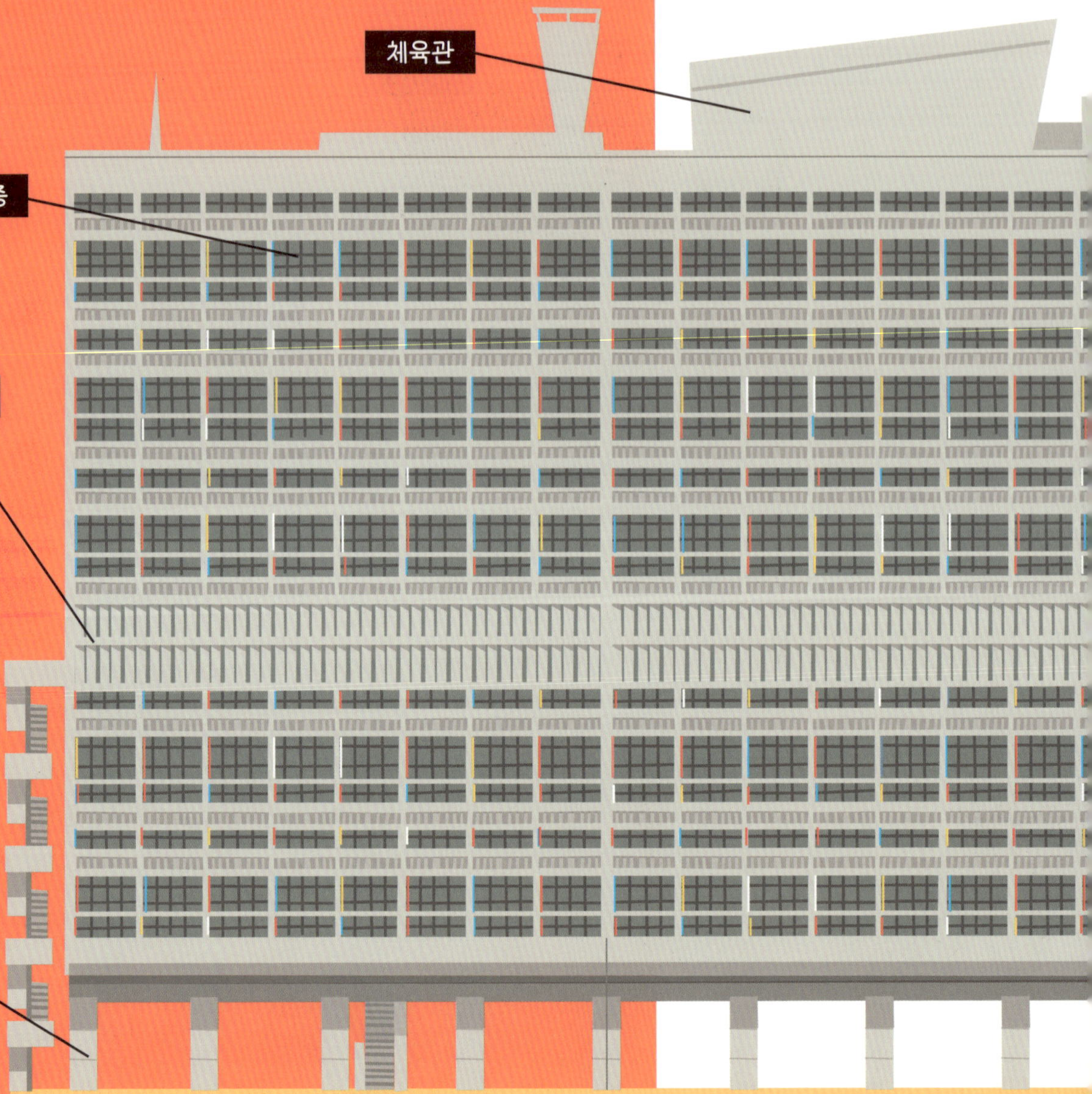

- 침실
- 뒤 테라스
- 현관
- 이중 높이의 전면 테라스
- 체육관
- 2단 발코니가 있는 층
- 쇼핑 층
- 필로티(기둥)

위니테 다비타시옹(집합 주택)
프랑스, 마르세유

🕐 1946~52 ● 르코르뷔지에
🧱 콘크리트 🏛 주택과 공동 공간

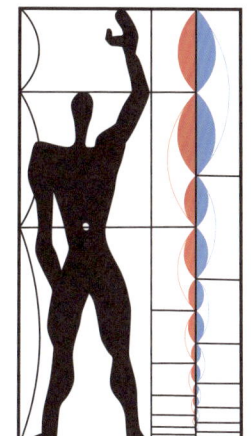

표준 치수 체계

르코르뷔지에는 **인체**와 **기하학**을 이용해 모뒬로르[Modulor. 모듈(module)과 황금분할(section d'or)을 결합해 만든 말—옮긴이]라는 **표준 치수** 체계를 고안했어요. 한 팔을 들고 서 있으며, 배꼽이 정확히 가운데에 있는 사람을 기초로 한 표준 치수예요. 이 그림은 가로 세로가 각각 1.13m인 정사각형 두 개를 겹쳐 놓은 직사각형 안에 그렸어요. 르코르뷔지에는 고대 그리스부터 내려온 조화로운 분할 비율인 '**황금 비율**'을 인체 치수에 적용해서 나온 값들을 자신의 건축에 활용했어요.

⚙️ **철근 콘크리트 기둥 만들기**
1. 철근 준비
2. 거푸집 제작
3. 콘크리트 채우기
4. 거푸집 제거

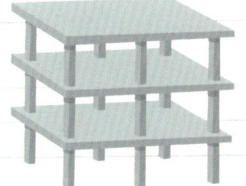

르코르뷔지에의 새로운 건축에 나타나는 다섯 가지 주요 특징

필로티
콘크리트 기둥이 건물을 떠받치도록 해 건물이 지면에 닿지 않게 한다.

벽이 없는 자유로운 공간
필로티를 적용하면 건물의 무게를 버티기 위한 용도의 벽이 필요가 없어지면서 얼마든지 다양한 방식으로 공간을 배치할 수 있게 된다.

옥상 정원
건물 옥상은 화초와 나무를 키워 자연 친화적으로 만든다.

가로로 긴 창
바깥 경치를 오롯이 바라볼 수 있도록 유리창은 최대한 커야 하고 세로보다 가로의 길이가 길어야 한다.

자유로운 전면부
건물을 지탱하는 구조물이 전면에 오지 않기 때문에 다양한 건설 기법과 건축 양식을 적용할 수 있다.

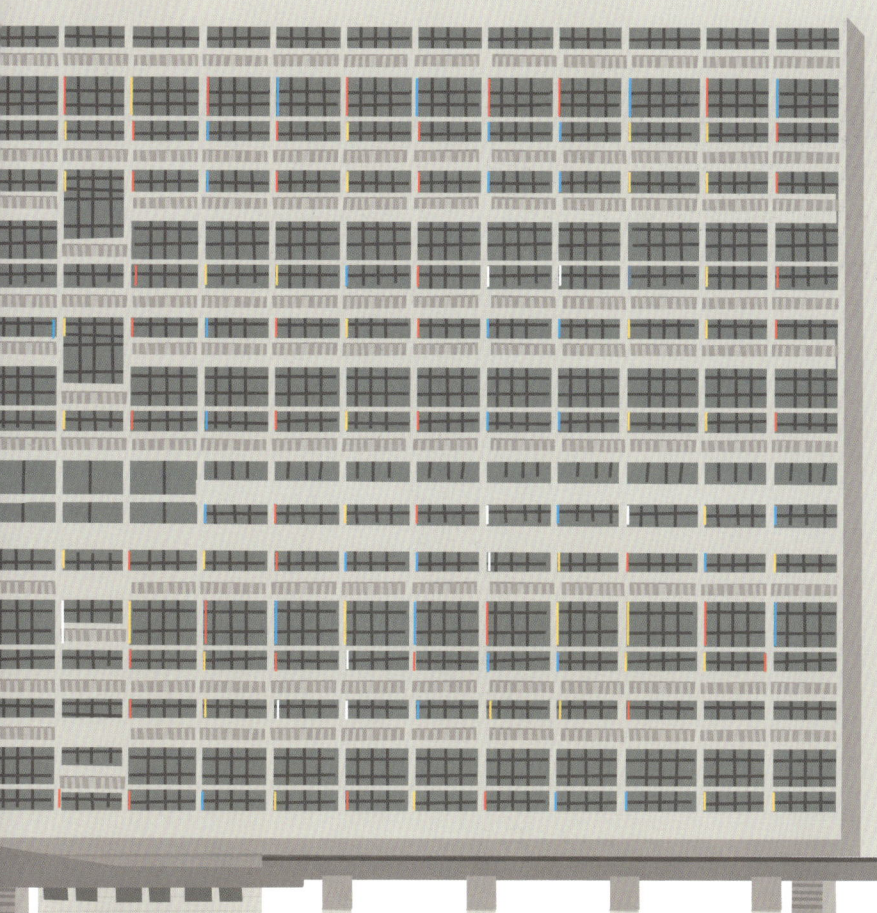

공동 테라스 / 구내식당

위니테 다비타시옹은 여러 도시에 차례로 지어졌어요. 처음에는 2천 명이 거주할 공동 주택으로 마르세유에 지어졌어요. 입주자들에게는 필요한 모든 기초 서비스가 제공되었어요. 건물 주위는 자연이 둘러싸고, 각 세대는 식구들을 위해 발코니와 복층 높이의 생활 공간을 갖추도록 설계되었어요.

폴링워터
미국 펜실베이니아주, 밀 런

🕐 1936~39　　◐ 프랭크 로이드 라이트　　▣ 돌, 콘크리트, 유리　　🏛 주택

카우프만 집안의 주말 별장인 폴링워터(Fallingwater)는 미국 펜실베이니아주의 어느 폭포 위에 지어졌어요. 이 집은 집의 한쪽만을 떠받치는 캔틸레버 구조를 써서 마치 강 위에 떠 있는 듯한 모습을 하고 있어요. 외팔보라고도 하는 캔틸레버는 당대의 건축 기사들에게는 공사하기가 아주 까다로운 방식이었어요. 이 집은 프랭크 로이드 라이트의 걸작 가운데 하나로 꼽히고 있지요.

이 집은 근대적인 별장 주택의 아주 좋은 본보기예요. 집의 넓은 평면 공간은 콘크리트 슬래브로 된 널찍한 테라스로 시원하게 통하면서 밖을 바라보고 있어요. 이런 구조는 집이 마치 물 위에 떠 있는 것처럼 보이는 효과를 내지요.

유리 집 필립 존슨 1945~49년

어퍼 론 앨리슨 스미스슨과
피터 스미스슨 1956~62년

오린다 하우스 찰스 무어 1962년

근대 주택의
재발명

E-1027 아일린 그레이 1926~29년

박스 랩프 어스킨 1942년

집은 우리가 삶의 많은 부분을 보낼 수 있는 안전한 공간이 되어 주지요. 그러나 건축가들은 오랜 세월 동안 주로 신전과 궁전, 그리고 교회를 짓느라 집에는 관심이 거의 없었어요.

오늘날 건축가들은 집의 의미를 되돌아보고 고민하면서 새로운 실험을 하고 있어요. 산업이 발달하고 신기술이 등장하면서 사람들의 삶은 크게 바뀌었고, 건축가들은 사람들의 새로운 취향과 요구에 따라갈 방법들을 생각해 내야 했어요. 그러자 놀랄 만한 작품들이 탄생했어요.

사례 연구 주택 8 찰스 임스와 레이 임스 1945~49년

슈뢰더 하우스 게리트 리트벨트
1924~25년

독일 전시관

스페인, 바르셀로나

1929 | 루트비히 미스 반데어로에 | 대리석, 강철, 석재, 유리 | 전시관

루트비히 미스 반데어로에와 릴리 라이히는 1929년 바르셀로나 세계 박람회의 독일 전시관을 설계했어요. 직사각형과 원색이 인상적인 피터르 몬드리안의 추상주의 양식에서 영감을 얻은 이 건물은 공간을 수평면과 수직면(슬래브 지붕과 벽)으로 해체했어요. 그러자 건물 안과 밖의 구분이 사라진 연속 공간이 만들어졌어요. 건물의 색상은 건축에 사용된 다양한 종류의 석재들에 의해 표현되었어요.

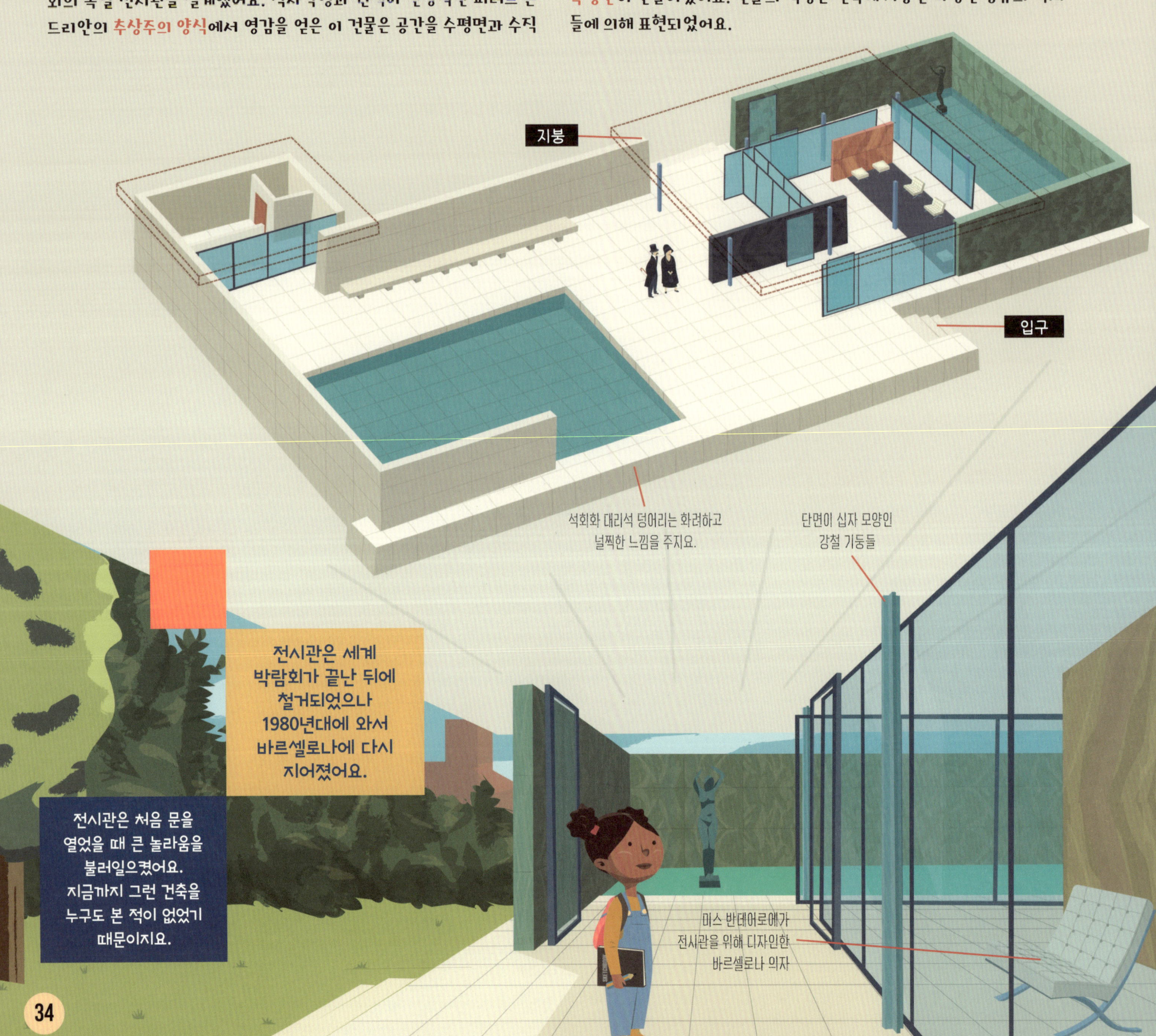

지붕

입구

석회화 대리석 덩어리는 화려하고 널찍한 느낌을 주지요.

단면이 십자 모양인 강철 기둥들

전시관은 세계 박람회가 끝난 뒤에 철거되었으나 1980년대에 와서 바르셀로나에 다시 지어졌어요.

전시관은 처음 문을 열었을 때 큰 놀라움을 불러일으켰어요. 지금까지 그런 건축을 누구도 본 적이 없었기 때문이지요.

미스 반데어로에가 전시관을 위해 디자인한 바르셀로나 의자

루트비히 미스 반데어로에

공간

미스 반데어로에의 건축은 '열린 평면'의 가장 좋은 본보기예요. 바닥과 지붕 사이의 공간이 완전히 트여 있어요. 벽은 없고, 그저 몇 개의 기둥이나 단순 칸막이벽, 그리고 전면의 판유리뿐이에요. 이를 통해 안과 밖 사이가 밀접하게 연결되지요.

독일 출신의 건축가 미스 반데어로에(1886~1969)는 장식이 지나치게 많은 당대 건축의 전통을 깼어요. 그는 라이트, 알토, 르코르뷔지에 같은 건축가들과 더불어 근대 건축의 창조자로 꼽히지요. 그는 당대의 실험적 전위 미술(아방가르드)에 깊게 영향을 받았어요. 그의 좌우명 가운데 하나는 '적은 것이 더 많은 것이다(Less is more)'였어요. 반데어로에는 아무런 장식이 없는 순수한 기하학적 형태를 통해 건물의 아름다움을 표현하려 했어요. 1930년대 말에 그는 미국으로 이주했고, 그의 미니멀리즘적 방법은 미래의 건축에 어마어마한 영향을 미쳤어요.

피터르 몬드리안의 <빨강, 노랑, 파랑, 검정의 구성>(1921). 네덜란드의 추상화가 몬드리안의 작품들은 반데어로에에게 중요한 영향을 미쳤어요.

판즈워스 하우스의 모형

판즈워스 하우스, 미국 일리노이주, 1945~50년

이 집은 반데어로에가 미국에서 활동한 시기의 대표작 가운데 하나로, 반데어로에 건축의 특징들이 대부분 포함되어 있어요. 바닥과 지붕은 (고전 시대의 신전 양식으로) 금속 기둥들로 떠받쳐 지면에서 띄워 올렸고, 집의 사방은 유리로 둘러쌌어요. 이 집은 내부를 투명한 상자처럼 만들었고, 투명하지 않은 것은 욕실과 가구뿐이었어요.

MR10 캔틸레버 의자
반데어로에가 디자인한 알루미늄 의자

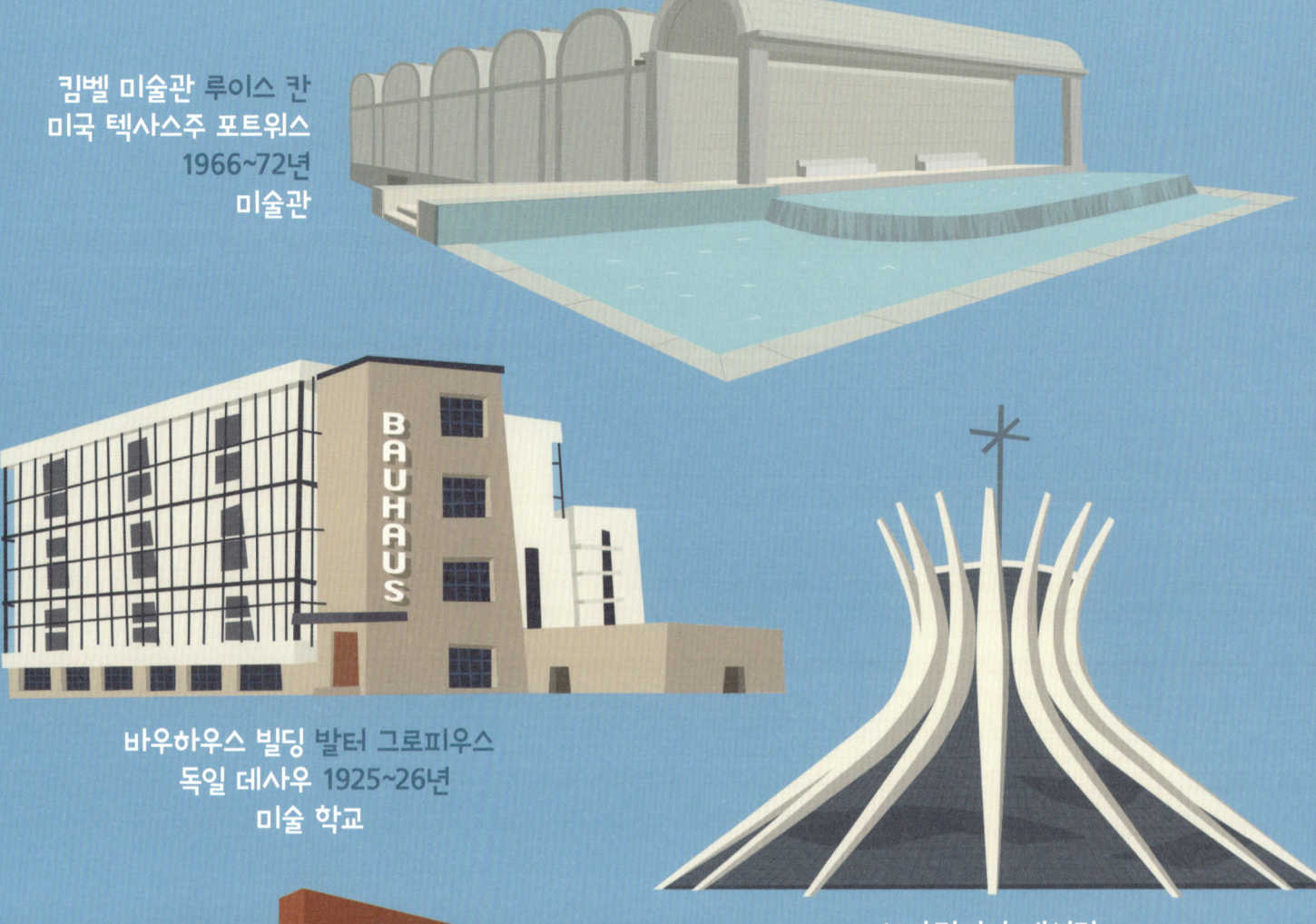

킴벨 미술관 루이스 칸
미국 텍사스주 포트워스
1966~72년
미술관

바우하우스 빌딩 발터 그로피우스
독일 데사우 1925~26년
미술 학교

브라질리아 대성당
오스카르 니에메예르
브라질 브라질리아
1958~70년
대성당

30 세인트 메리 액스
(별명 '작은 오이')
노먼 포스터와 켄 셔틀워스
영국 런던 2001~2003년
사무 빌딩

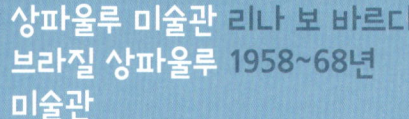

상파울루 미술관 리나 보 바르디
브라질 상파울루 1958~68년
미술관

빌바오 구겐하임 박물관
프랭크 게리 스페인 빌바오
1992~97년
미술관

상징적인 건물들

역사 이래, 그리고 특히 20세기와 21세기 동안 이름 없는 건물들이 수없이 지어졌어요. 그러나 시대 정신을 상징하는 대표적인 건물들도 있어요. 발터 그로피우스의 바우하우스 빌딩이나 예른 웃손의 시드니 오페라 하우스같이 서로 다른 건물들을 보면서 우리는 과거 100년의 건축을 이해할 수 있어요.

베를린 필하모니 홀 한스 샤로운
독일 베를린 1960~63년
연주회장

아인슈타인 타워 에리히 멘델존
독일 포츠담 1919~21년
천체 물리 관측소

시드니 오페라 하우스 예른 웃손 오스트레일리아 시드니
1959~73년 오페라 극장

솔로몬 구겐하임 박물관 프랭크 로이드 라이트
미국 뉴욕 1956~59년 미술관

파시스트당 당사 주세페 테라니
이탈리아 코모 1932~36년 정당 당사

구조

건물이 계속 서 있을 수 있는 이유는 설계된 방식과 사용된 재료 때문이에요. 집이든 다리든 모든 구조물은 그것들에 가해지는 무게와 힘들을 견뎌 낼 수 있어야 해요. 구조물 자체와 사람, 가구, 자동차 등의 무게는 물론 바람의 영향 같은 것들도 여기에 포함돼요.

사람의 몸을 생각해 보면 구조의 중요성을 이해하는 데에 도움이 돼요. 사람이 몸을 꼿꼿이 세우고, 걷고, 무게를 버틸 수 있는 것은 우리의 골격 때문이에요. 사람의 뼈는 건물의 기둥과 보의 역할을 하고, 피부는 건물의 외관과 지붕에 해당하지요.

사장
(다리 상판을 주탑에 매다는 케이블)

경간

기둥

미요 고가 다리

프랑스, 미요

| 2001~04 | 노먼 포스터 | 콘크리트와 강철 | 다리 |

경간이 긴 다리를 건설하는 것은 매우 어려워요. 기둥과 기둥을 잇는 보의 길이 때문이에요. 케이블을 쓰면 기둥 간격을 늘릴 수 있어요. 미요 고가 다리의 경간은 342m짜리가 6개, 204m짜리가 2개이며, 다리 길이는 총 2460m예요.

기둥과 기둥 사이

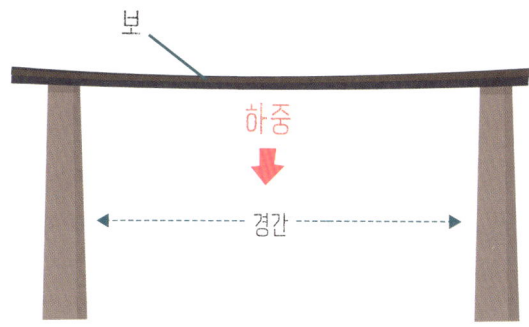

다리의 보를 떠받치는 두 지점 사이의 거리를 '경간(span)'이라고 해요. 경간이 길면 길수록 구조물이 이 길이를 감당하면서 휘거나 무너지지 않도록 방법을 찾는 것이 더 복잡해지고 비용도 더 많이 들게 되지요. 다리 같은 큰 구조물에서 경간이 길면 이를 지탱하는 데 필요한 구성 요소들의 크기도 커져요.

선사 시대 이래로 인류는 강과 계곡을 건너기 위해 다리를 만들었어요. 건너야 할 거리, 사용할 수 있는 재료와 기술에 따라서 다리는 다양하게 발전했어요. 산업화가 이루어지면서 철을 재료로 다리를 건설하는 기술이 등장하면서 다리는 수직으로 된 건물들 못지않게 중요한 대형 토목 사업이 되었고, 건축가와 공학자들은 더욱 긴 다리를 건설할 방법을 찾는 데에 주력했어요.

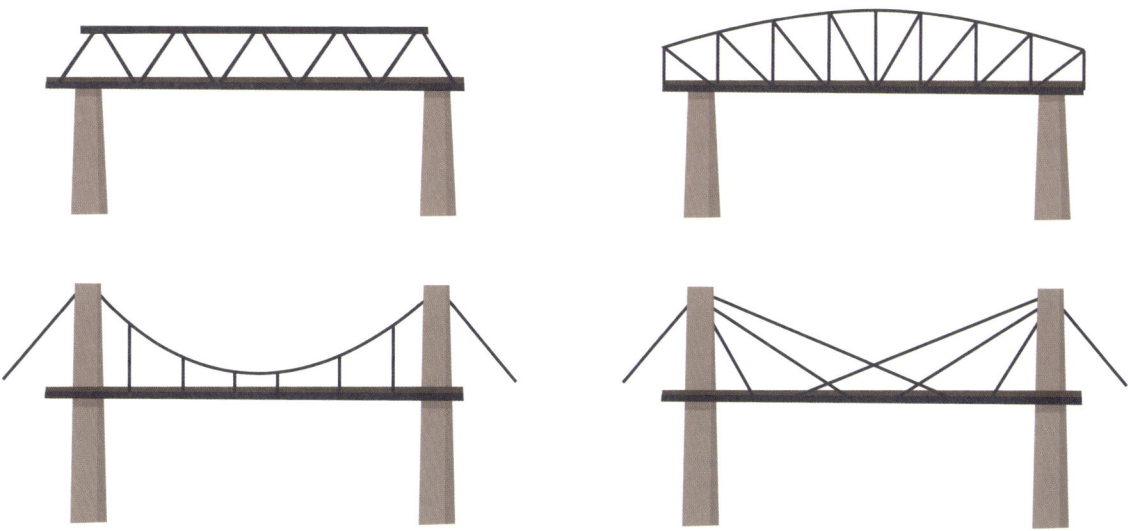

구조 설계

구조물의 강도는 그 구조물이 감당해야 하는 하중(사람, 가구, 차량, 건설 재료 등), 구조물이 지어질 (하중이 땅으로 전달될) 지형, 그리고 기후(눈, 비, 바람 등)를 고려해 계산해야 하지요. 고대 그리스부터 오늘날에 이르기까지 건축가와 기사들은 복잡한 공식과 이론, 그리고 방법들을 써서 그런 계산을 했어요. 시행착오법도 쓰였으나 이는 대가와 희생이 큰 위험한 일이었어요. 오늘날에는 이런 과정을 컴퓨터 프로그램으로 더 쉽게 처리할 수 있어요.

대형 구조물을 건설하려 할 때는 여러 가지 구성 요소들을 어디서 어떻게 만들지, 그리고 현장까지 어떻게 옮길지도 생각해야 해요. 미리 만들어 둔 거대한 철 구조물이나 콘크리트 보 같이, 대형 구조물을 건설하는 데 필요한 요소들을 대형 트럭이나 기차로 옮기는 것을 누구나 보았을 거예요.

점점 더 높아지는 초고층 빌딩들

인류는 항상 하늘에 닿을 만큼 높다란 건축물들을 짓고 싶어 했어요. 이집트의 오벨리스크, 아랍 이슬람 사원의 뾰족탑, 이탈리아의 탑들이 대표적인 건축물들이에요.

초고층 빌딩은 19세기 말에 미국 시카고와 뉴욕에 처음 등장했어요. 건설 기술이 발전하고 현대식 승강기가 발명되자 더 높은 건물이 지어졌고, 이 건물들이 근대 도시들을 대표하게 되었어요. 주거와 사무 공간을 제공하는 이 초고층 빌딩은 대개 땅값이 매우 비싼 곳에서 공간을 아끼는 효과가 있지만, 이를 건설하는 도시와 기업의 정치적·경제적 힘을 나타내기도 해요.

이 때문에 세계에서 가장 높은 빌딩을 지으려는 경쟁이 아직도 치열하게 벌어지고 있어요. 지금까지는 아랍에미리트연방의 두바이에 있는 부르즈 할리파가 세계에서 가장 높은 빌딩으로 기록되어 있지만, 높이가 1km나 되는 다른 건물들이 지어지고 있어요.

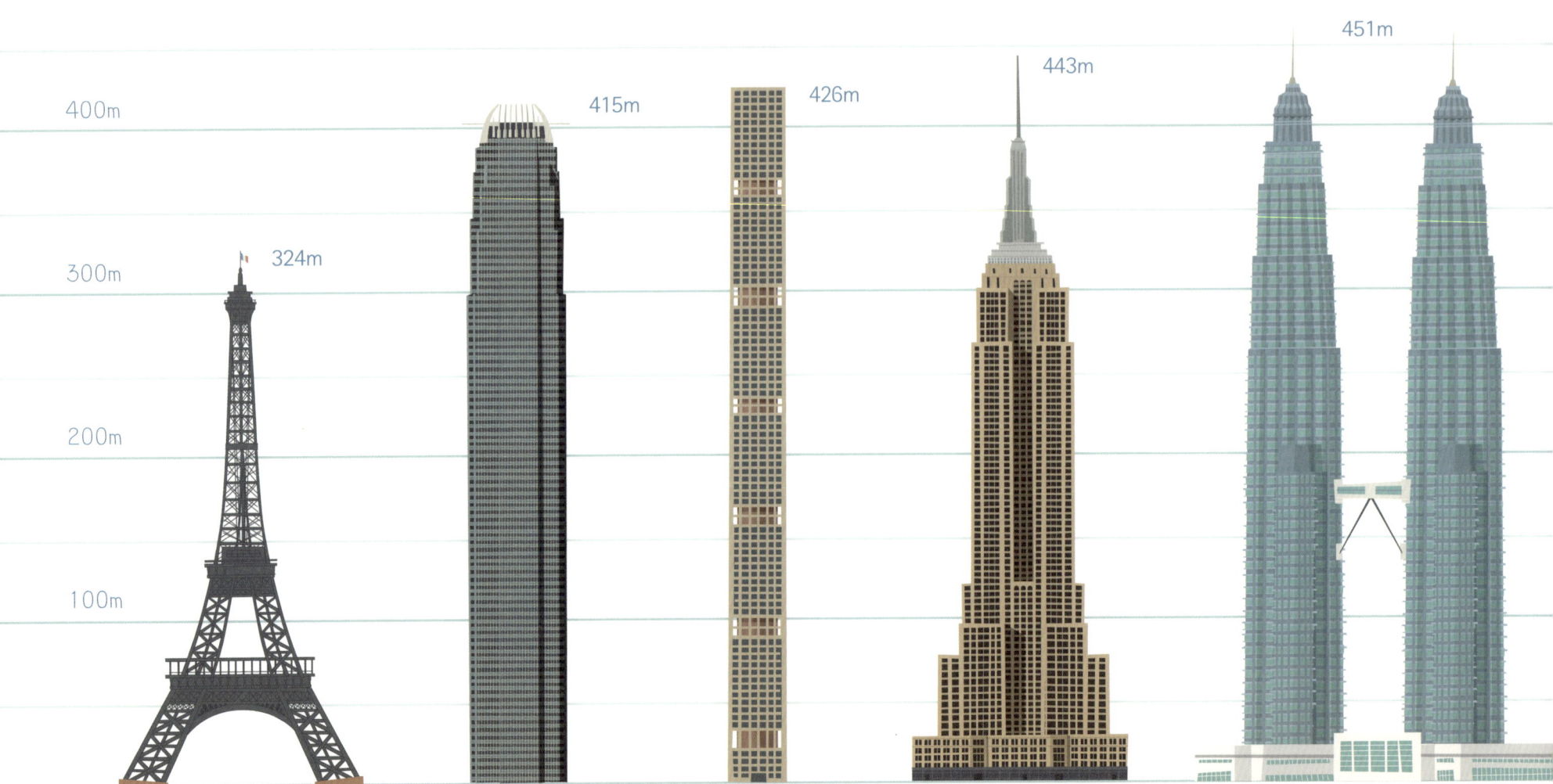

에펠탑
스티븐 소베스트르와 귀스타브 에펠
파리, 1889년

제2 국제금융센터
세사르 펠리
홍콩, 2003년

432 파크 애비뉴
라파엘 비뇰리
뉴욕, 2015년

엠파이어 스테이트 빌딩
슈리브, 램 앤드 하먼 건축사무소
뉴욕, 1931년

페트로나스 타워
세사르 펠리
쿠알라룸푸르, 1998년

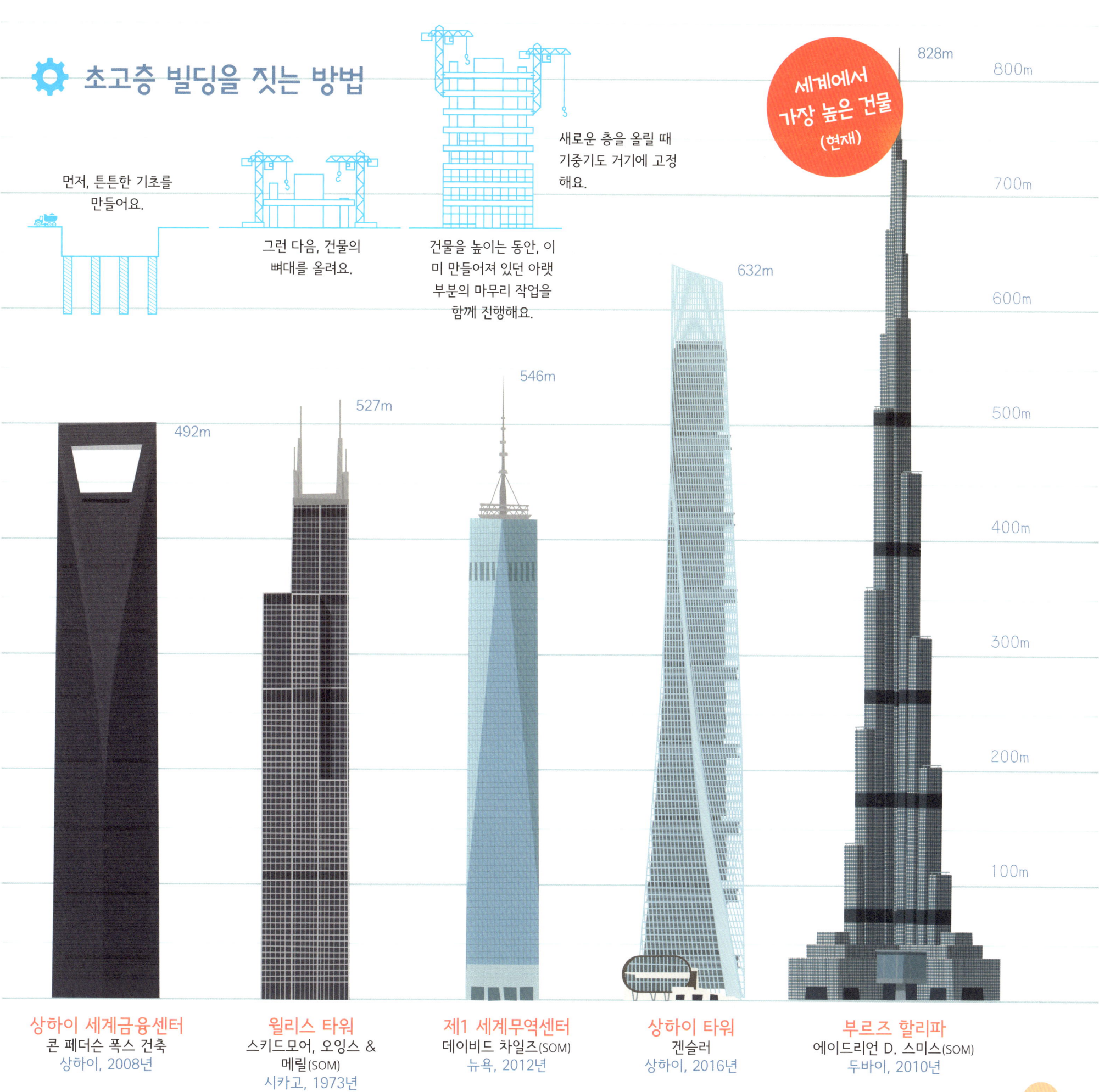

자하 하디드

이라크에서 태어난 자하 하디드(1950~2016)는 레바논 베이루트에서 수학을 공부했고, 나중에 자신의 사무소를 열게 되는 영국 런던에서 건축학을 공부했어요. 2004년에 그는 여성으로서 처음으로 프리츠커 건축상을 받았어요.

초현대적이고 열정적이며 압도적인 느낌의 건축 양식을 선보인 하디드는 렘 쿨하스, 노먼 포스터, 프랭크 게리 등과 같은 유명 건축가와 어깨를 나란히 했어요. 하디드는 전통을 벗어난 대담하고 아슬아슬한 형태들을 썼고, 가구 디자인, 조각, 회화 그리고 장식품 분야에서도 많은 혁신을 이루어 냈어요.

안트베르펜 항만 관리청사
자하 하디드 아키텍츠
벨기에 안트베르펜 2016년

헤이다르 알리예프 센터 _{아제르바이잔, 바쿠}

| 2007 | 자하 하디드 | 콘크리트, 유리, 강철 | 문화 센터 |

기둥이 없는 드넓은 공간을 자랑하는 이 문화 센터의 특징은 곡선들이에요. 이 곡선들은 과거와 현재, 그리고 미래의 연속성을 상징해요.

현대 건축

2000년 이후에 현대 건축은 세계화되었어요. 이는 곧 건축이 각 나라 문화와 경제의 영향을 받지만, 세계 공통의 특징도 갖는다는 뜻이에요.

작은 건축과 거대한 건축은 차이가 커요. 그러나 헤이다르 알리예프 센터의 멋진 곡선 형태라든지 부르즈 할리파 같은 엄청난 초고층 빌딩에 이르기까지, 일반적으로 현대 건축의 특징은 과거에는 건설할 생각조차 할 수 없었던 건물들을 지을 수 있게 하는 새로운 재료와 기술이에요. 이런 건축 양식은 이용자들의 생활이나 관습과 관계가 있는 복잡한 형태를 사용해 주변 환경과 조화를 이루려고 해요.

여성 건축가들

인류의 역사에서 여성들은 건축 설계 분야에서 중요한 역할을 하고도 제대로 공을 인정받지 못했어요. 때로는 그 시대의 사회적 분위기 때문에 아내의 작품에 남편의 이름을 창작자로 올리기도 했어요. 다행히도 지난 한 세기를 지나오면서 더 많은 여성 건축가들이 당당히 주목받게 되었어요. 릴리 라이히, 제인 드루, 아이노 마르시오-알토, 레이 임스, 샬로트 페리앙, 리나 보 바르디, 데니스 스콧 브라운, 앨리슨 스미스슨 등이 대표적인 사람들이에요. 더 최근에는 카르메 피헴, 카르메 피노스, 안나 헤링거, 베네데타 탈리아부에 등이 널리 알려졌어요. 세지마 가즈요는 자하 하디드의 뒤를 이어 2010년에 프리츠커 건축상을 받았어요.

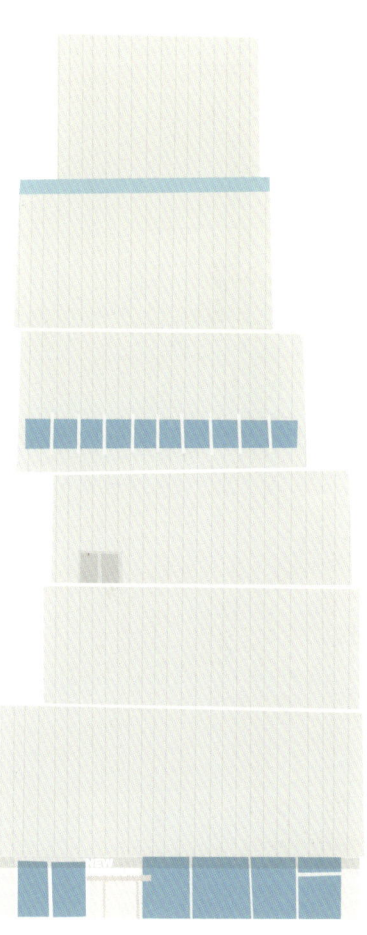

뉴 뮤지엄
세지마 가즈요, 니시자와 류에
미국 뉴욕
2002년 7월
미술 박물관

건축의 기본 구성 요소

건물은 모두 다 달라요. 쓸 수 있는 재료, 땅의 특성, 기후 조건, 건물의 용도, 책정된 예산 같은 여러 요소에 따라 건물의 설계는 달라져요. 그 때문에 건축가들과 건설 과정에 참여하는 모든 사람은 실수와 오해가 생기지 않도록 공통된 전문 용어를 쓰는 것이 중요해요.

건물의 주요 부분들은 대개 **기초**, **구조**, **담장**, **외장** 등이라 불러요.

- 서까래
- 중도리
- 칸막이벽
- 문틀
- 난간봉
- 난간
- 마룻널
- 철근 콘크리트 기둥
- 계단
- 상인방
- 내리닫이창
- 창틀 기둥
- 밑틀
- 빗물막이
- 나무 계단
- 전선관
- 지하실 환기 장치
- 계단 수납장
- 지하실

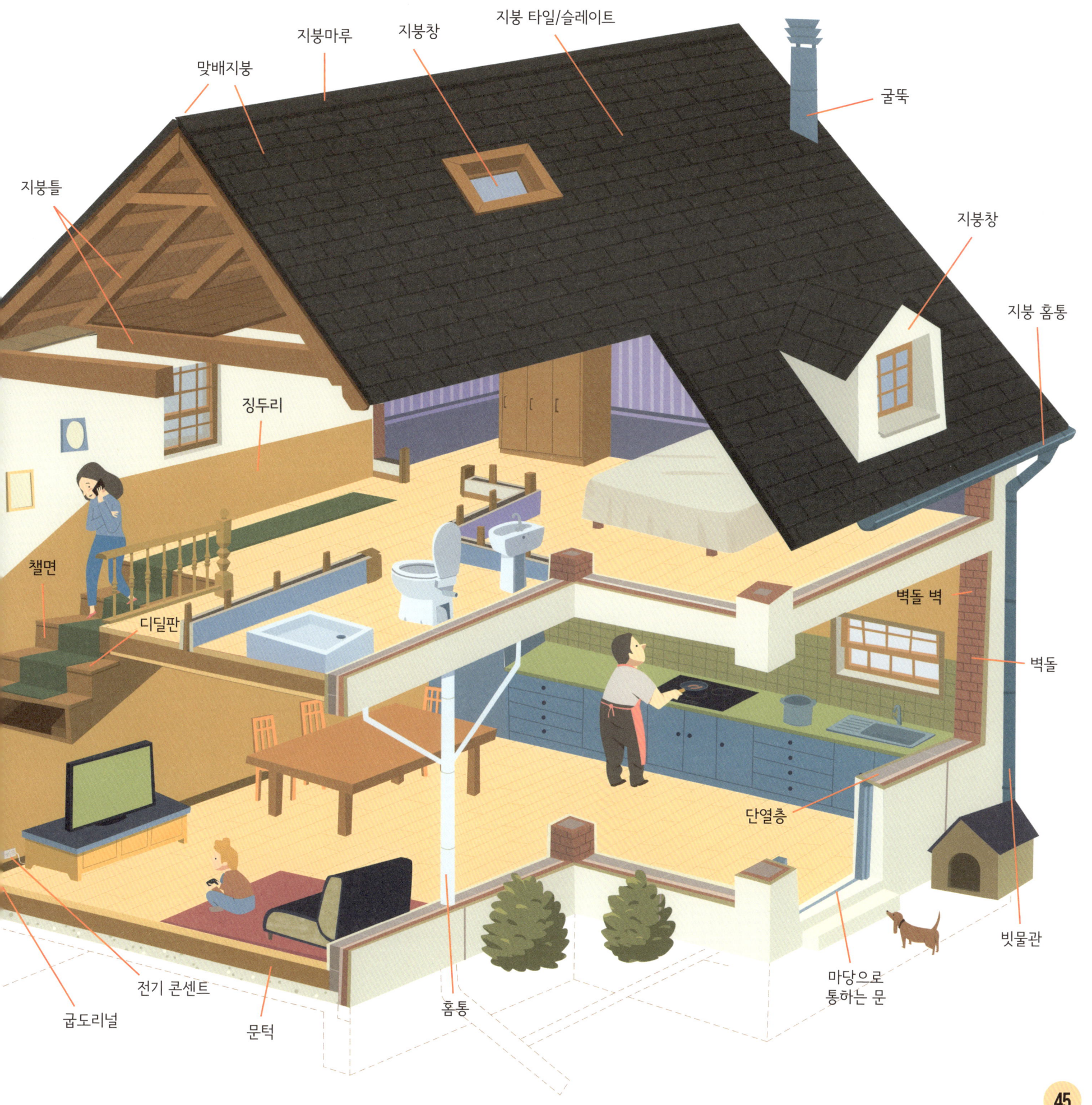

건축가 되기

건축가가 자신의 영감에만 의지하면서 혼자 일한다고 생각할 수도 있어요. 그러나 건축가들은 구조 설계 전문가를 비롯해 안전, 태양 에너지, 빗물관, 스위치 등과 같이 다른 분야를 전문으로 하는 동료들과 함께 작업해요. 그리고 다른 전문가들과도 대화를 나눔으로써 집단 지성을 활용해요.

건설이 진행될 때
설계도와 축척 모형, 그리고 보고서는 건축물이 건축가의 생각대로 만들어지게 하지요.

고객
건축 계획은 늘 고객이 건축가를 찾는 것에서부터 시작돼요. 이때 고객은 집이 필요한 개인일 수도 있고, 한 동네 전체를 건설하려는 정부일 수도 있어요.

고객은 사용되는 재료, 완공일, 예산 등과 같은 건축의 최종 결과에 관심이 많아요. 건축가는 아주 세심해야 하며, 고객에게 한 약속을 모두 지켜야 해요.

도면, 모형, 3차원 투영
머릿속에 있는 계획을 실제로 표현하기 위해서 건축가는 도면과 모형(실물 모형이나 가상 모형)을 만들어야 해요. 어떻게 만들어지는지 이해하기 위해서는 사람들이 상상할 수 있는 것이 매우 중요하지요.

건축가에게 필요한 기술들

의사소통
건축가는 자신의 아이디어를 글과 도면으로 전달할 줄 알아야 해요. 자신이 만들려는 것을 고객과 동료에게 명확하게 설명하는 것이 중요해요.

지식
건축가는 구조, 건설 과정, 도면 제작, 물리학, 역사, 도시 계획 등 많은 것에 대해 알고 있어요. 이런 모든 지식은 건축 계획을 성공으로 이끄는 데 도움을 주어요.

전통
건축가 자신은 수백 년 동안 쌓이고 쌓인 전통의 일부분이라는 것을 알아야 해요. 자신의 작품이 아무리 새롭다고 하더라도, 이전에 어떤 장소에서 어떤 문화에 속했던 다른 건축가들이 이룬 것과 관련이 있게 마련이에요. 이처럼 우리는 모두 우리의 건물, 우리의 도시, 그리고 자연과 우리의 관계를 더 나아지게 만들 수 있는 커다란 지식 체계의 일부예요.

건축가가 되고 싶으세요?

프로젝트 문서들

건축 도서

모형

인테리어 디자이너

인간관계망
건축 프로젝트는 대단히 복잡해서, 모든 것을 제대로 관리하기 위해 폭넓은 분야의 전문가가 필요해요.

예를 들면, 어떤 팀은 초기 아이디어를 제안해 스케치로 만들고, 다른 팀은 첫 설계와 후속 스케치 작업을 하고, 다른 팀은 구조를 계산해 재료를 선택하고, 또 다른 팀은 기술 설명서를 준비하는 식이에요. 마지막으로, 기술 전문가들은 실제 공사 과정을 관리하지요. 이런 단계들을 관리하면서 머릿속에 있는 건축의 큰 그림을 유지하는 것은 책임 건축가의 몫이에요.

설계도

건축 재료 견본

미래의 건축

지속 가능성

'지속 가능성'은 곧 인간과 지구 사이의 균형이 필요하다는 뜻이에요. 우리가 현재 짓고 있는 건물들은 미래 세대에 필요한 자원에 영향을 미칠 수도 있어요. 지속 가능한 건축을 발전시키는 것은 우리의 건축물들을 최대한 생태계의 관점에서 생각하는 것을 뜻해요. 천연 재료를 쓰고 그 영향을 최대한 줄이는 것도 여기에 포함되지요.

미래의 건물들은 어떤 모습일까요? 우리는 그 속에서 어떻게 살아갈까요? 도시와 마을은 어떤 모습일까요? 그걸 확실히 아는 사람은 없어요. 그러나 건축가와 도시 계획자, 과학자들은 미래 세대가 살아갈 곳을 새로 만들 때 환경을 최대한 존중해야만 한다는 데에는 의견이 일치해요.

도시와 주변 환경 사이의 관계

모두가 대도시로만 이사하려는 상황을 미리 막으려면 대도시와 주변 도시들 사이에 교통과 통신이 잘 갖춰져 있어야 해요.

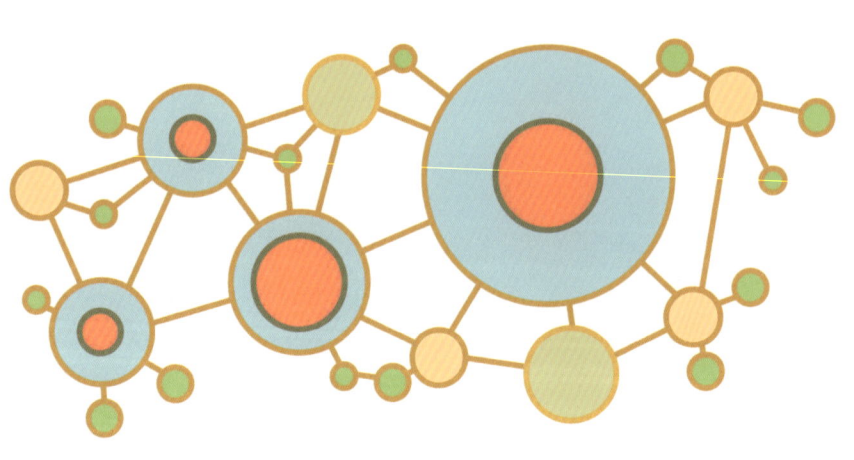

농장

교통 중심

깨끗한 에너지

환경 오염 없이 살 수 있으려면 재생 에너지, 자동차 이용을 줄일 수 있는 빠른 대중교통망, 책임 있는 산업 생산 등이 뒷받침되어야만 해요.

풍력 터빈으로 전기를 만들어요

시내

어떤 공상과학 소설가들은 미래의 도시를 어둡고, 더러우며, 사람이 너무 많은 곳으로 상상했어요. 또 어떤 소설가들은 거주자의 행복에 더 초점을 맞춘, 넓은 첨단 기술 도시를 상상하기도 했지요.

마을과 도시를 어떻게 짓느냐에 따라 우리의 생활 방식은 크게 달라져요. 그래서 도시의 모든 건물과 모든 사람이 서로 밀접하게 관계를 맺고 있다는 것을 인식하는 것은 중요해요. 이 둘은 어느 거대한 생명체의 일부 같아 보이기도 해요. 이런 이유로 건축가들은 사람과 환경 모두를 존중하며 살아가는 주거 공간을 만들기 위해 정치가, 도시 계획자, 사회학자, 공학자 그리고 시민들과 협력할 필요가 있어요.

유토피아 시대

1960년대에 건축가, 도시 계획자 그리고 예술가들은 미래의 집이 어떤 모습일지 상상하기 시작했어요. 그 뒤로 많은 개인과 단체가 아이디어를 내놓았어요. 여기에는 동네를 모두 콘크리트로 건설하는 의견부터 천연 재료만으로 짓자는 유기주의 건축가들의 제안까지 다양한 아이디어가 있었어요.

에너지 효율이 우수한 다면체 돔 짓기

지속 가능한 건물들

환경 피해를 줄이려면 건물을 지을 때 이전에 건물이 있던 자리에 짓는 것이 나아요. 지속 가능한 건물과 공동체를 만들기에 가장 좋은 건축 방식은 위로 높게 지어 올리는 것이라고 주장하는 건축가들도 있어요.

정보 기술과 신소재

는 오늘날 우리가 알고 있는 방식과 크게 다른 구조물을 만들 수 있게 해 줄 거예요. 3D 인쇄로 건물을 짓는 기술 같은 새로운 건설 기술들도 등장할 거예요.

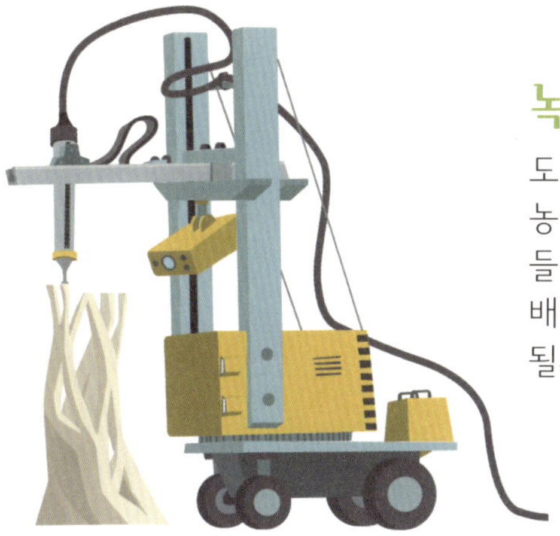

녹색 성장

도시의 영향을 줄이는 한 가지 방안은 농촌과 도시를 결합하는 거예요. 건물들이 수직형 정원이 되고, 식료품을 재배하는 건물과 공원이 도시를 채우게 될지도 몰라요.

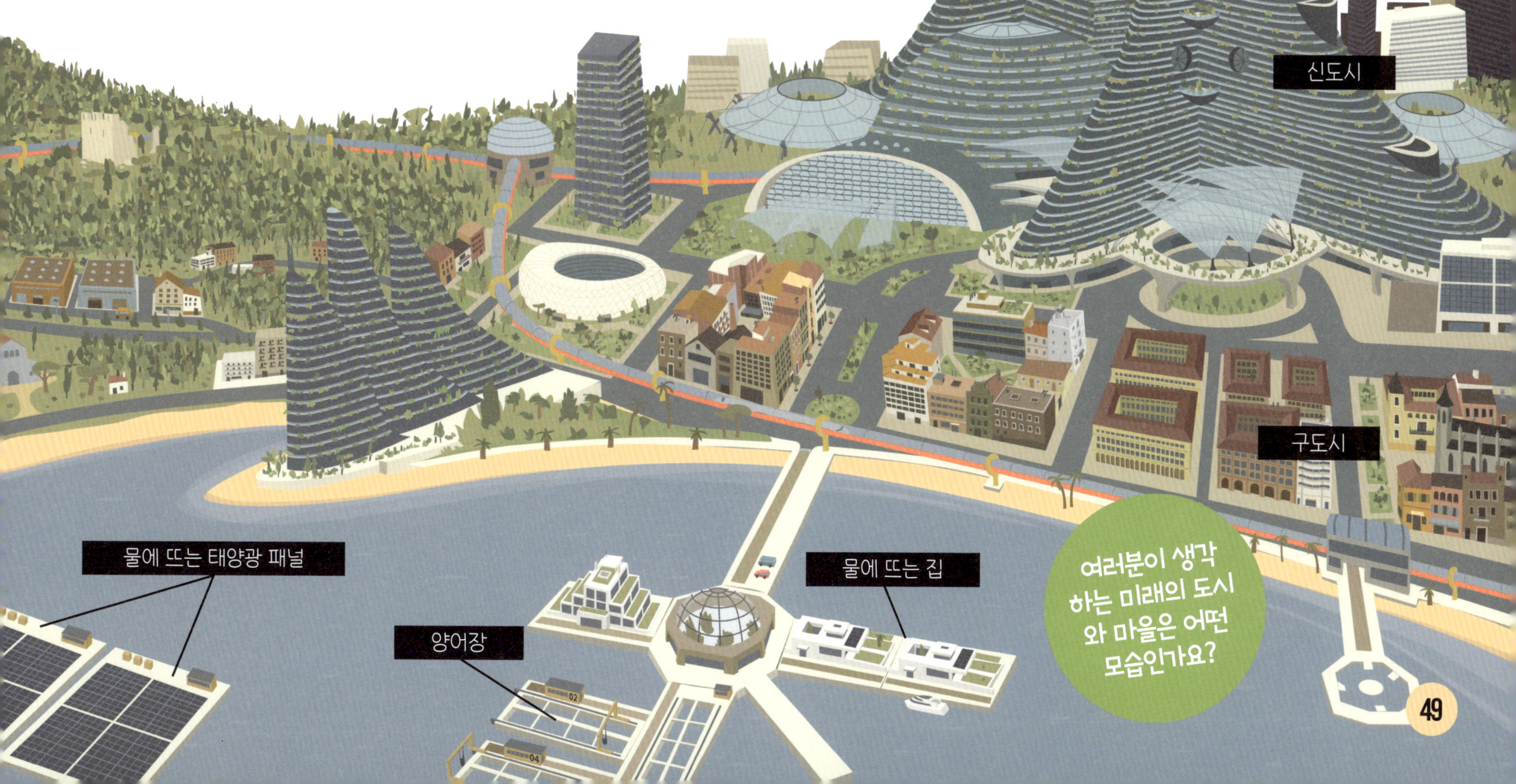

- 드론 착륙장
- 풍력 터빈
- 신도시
- 구도시
- 물에 뜨는 태양광 패널
- 양어장
- 물에 뜨는 집

여러분이 생각하는 미래의 도시와 마을은 어떤 모습인가요?

화성에서 살기

언젠가 인류는 화성 같은 다른 행성에서 살기 시작할 거예요. 그 척박한 환경에서 새 이주자들이 안전하게 살아갈 수 있는 주거 공간을 만드는 일은 건축가, 과학자, 공학자들이 맡게 될 거예요.

- 우주 왕복선
- 에너지 생산장
- 이착륙장
- 경작 단지
- 물자 수송 차량을 위한 하역장
- 로봇
- 중앙 통신소
- 방사선과 극한 기온을 피하기 위한 지하 기지
- 지하 빙하 (수원지)

감사하는 말

★에두아르드 알타리바
이 책이 나오기까지 도와주신 모든 분께 크게 감사드립니다. 이 책을 비롯해 나의 인생 프로젝트들이 결실을 맺을 수 있도록 언제나 도와준 멜리, 그리고 항상 곁에 있어 준 아리아드나, 페레, 루르드에게 고마움을 느낍니다. UPC(카탈루냐 공과대학)의 간행물 서비스 담당자 조디 프랫과 GMC의 모든 분께도 감사드립니다.

★베르타 바르디 이 밀라
나의 세 형제자매와 부모님, 엄마가 되게 해 준 지네스타와 마이올, 많은 순간들을 함께한 조안과 마리아 등 가족과 친구들에게 이 책을 바칩니다. 믿음과 너그러움으로 대해 준 에두아르드, 배움과 성장의 욕구를 불어넣어 주신 모든 은사님들, 나 자신보다도 나를 믿어 준 펠릭스, 열정과 안목과 끝없는 에너지를 나누어 준 다니엘에게 감사드립니다.

글쓴이 **베르타 바르디 이 밀라**(Berta Bardi i Mila)
스페인 바르셀로나 카탈루냐 공과대학(UPC) 건축학부 강사이다. 건축 디자인 박사 학위를 받았고, 현대 건축을 전공했다.

그린이 **에두아르드 알타리바**(Eduard Altarriba)
그래픽 디자이너이자 일러스트레이터이다. 실용적이고 재미있는 어린이를 위한 게임, 전시회, 애니메이션, 앱 및 워크북 등을 제작하는 독립 스튜디오인 알라발라(Alabala)를 운영하고 있다. 그림을 그린 책으로『처음 읽는 양자물리학』, 『처음 읽는 상대성 이론』, 『처음 읽는 코스모스』, 『처음 읽는 에너지』, 『처음 읽는 전자기학』, 『처음 읽는 미생물의 세계』등이 있다.

옮긴이 **이섬민**
정보통신 관련 매체의 기자를 거쳐 번역가로 일하고 있다. 옮긴 책으로『유레카! 과학의 비밀』, 『도구와 기계』, 『시간에 대한 열 가지 생각』, 『세상에서 가장 아름다운 도서관』, 『세상을 훔친 지식 설계도, 다이어그램』, 『생각하는 기계』등이 있다.

처음 읽는 건축의 역사

1판 1쇄 인쇄	2023년 1월 20일
1판 1쇄 발행	2023년 1월 25일
글쓴이	베르타 바르디 이 밀라
그린이	에두아르드 알타리바
옮긴이	이섬민
펴낸이	조추자
펴낸곳	두레아이들
등록	2002년 4월 26일 제10-2365호
주소	(04075)서울시 마포구 독막로 100 세방글로벌시티 603호
전화	02)702-2119(영업), 703-8781(편집), 02)715-9420(팩스)
이메일	dourei@chol.com
블로그	blog.naver.com/dourei

• 책값은 뒤표지에 적혀 있습니다. 잘못 만들어진 책은 구입하신 곳에서 바꾸어 드립니다.

ISBN 979-11-91007-26-8 73500